増やしながら
しっかり使う

60歳からの賢い「お金の回し方」

ファイナンシャルプランナー
株式会社ウェルスペント代表
横田健一

KADOKAWA

はじめに

老後が不安。多くの人がそう思っていますが、具体的には何が不安なのでしょうか。

介護が必要になったら……。

パートナーや兄弟姉妹に先立たれて一人になってしまったら……。

そういった不安もあると思いますが、**多くの人に共通しているのが、「老後資金は足りるのか」という不安です。**

一般的に公的年金だけで暮らすのは難しく、老後を迎えるまでにある程度の老後資金を準備しておく必要があります。しかし、「いくらあれば安心か」は誰にもわかっていません。

私はファイナンシャルプランナーとして多くの方の老後プランについて相談を受けたり、執筆、セミナーなどを通じて老後資金についてお話ししたりしています。その中で感じるのは、「十分な老後資金があるのに、不安を感じている方が少なくない」ということです。

Aさんは会社員の夫と専業主婦の夫妻で、子どもは2人。夫は60歳で1500万円の退職金を受け取り、そのあとも再雇用で働く予定です。再雇用は65歳までで、その時点まで下のお子さんの教育費がかかります。Aさんは「住宅ローンも75歳まで残っている。60歳以降は少しラクしたいけど、65歳以降も働くしかない」と気が重そうです。

Bさん夫婦は共働きで2人のお子さんを育てました。金融資産は約3000万円あり、退職金を受け取ると5000万円を超えます。リタイア後にこのお金をどう使うか、移住はできるか、といった楽しい相談になるのかと思っていましたが、「老後資金は足りますか？　まだ共働きを続けた方がいいでしょうか」というのです。5000万円以上あるのに、です。

Aさんに共感する方も、Bさんの気持ちがわかるという方も少なくないでしょう。実際、多くの方がそのような悩みを抱え、不安を感じているのです。

結論からいえば、Bさんはもちろんのこと、Aさんも老後資金に困ることはありません。**きちんと計画を立てれば、十分に楽しい老後が送れるでしょう**。

ではなぜ、不安を感じてしまうのでしょうか。それには二つの理由があります。

〈不安を感じてしまう理由①〉今後のお金を見通せていないから

50代の方でも退職金がいくら受け取れるのかを正確にわかっている人は少数派です。老後を支える公的年金の額がどのくらいかも把握していないケースがほとんどです。老後に年金が受け取れる個人年金保険に入っていても、詳細は忘れています。

そうした状況では、毎月の生活費が年金で足りるのか、足りないのか、用意したお金で賄えるのかがわかりません。病気になったり介護が必要になったりしたらどれくらいお金がかかるかなど、見当もつきません。

このように、定年後の収入も支出もわからないから、お金が足りるのか不安なのです。

〈不安を感じてしまう理由②〉資産寿命を延ばす方法を知らないから

不安を感じてしまう二つ目の理由は「資産寿命を延ばす方法を知らないから」です。

資産寿命とは、お金の寿命です。

現役時代はお金を増やしていくステージで、リタイア後はお金を少しずつ使っていくステージに入ります。使っていけばお金は減り、不安を感じがちです。しかし、お金を適切に運用することでお金が減るスピードを遅くすることができます。

投資には危険なイメージがありますが、それはやり方次第です。

適切な運用といっても決して難しいことではなく、**「基本は、投資してはいけないお金と、投資した方がいいお金をきちんと分けること」**、そして「1本で世界中に分散投資できる世界株インデックスファンドを使うこと」です。銘柄を選んで売買を繰り返すなどではなく、「ファンドを買って」「持ち続ける」だけです。

たとえば世界株インデックスファンドに1000万円を投資し、毎月4万円・年間48万円ずつ、20年間、計960万円を取り崩すとどうなるでしょうか。実際のデータを使って計算してみます。

投資したタイミングによっても異なりますが、最もいいタイミングでは**960万円取り崩してなお3680万円以上が残り**、最もよくないタイミングでも221万円以上が残ることがわかりました。**中央値（悪いときと、いいときのほぼ真ん中）では1340万円が残っています**。

あくまで過去の実績ですが、適切な投資をすれば資産寿命を延ばすことができるのです。

▼お金をしっかり使って楽しく生きる

もう一つ、私がお伝えしたいのは、お金を上手に回し、有意義に使い、幸せなセカンドライフを送る方法です。

お金が足りるか不安な状態では、お金をなるべく残しておこうと考えがちです。しかし、老後資金や年金はこれまで働いてきたことへの報酬であり、使っていいお金です。

また現役時代、仕事に多くの時間を費やしたのですから、セカンドライフは楽しむための時間であって然《しか》るべきです。

お金をなるべく残しておこうと思わず、上手にお金を回し、楽しく使うのが理想です。

前述のように、投資してはいけないお金と投資した方がいいお金をきちんと分けて適切に運用すれば、お金を増やしながら少しずつ取り崩し、使っていくことができます。

「減っていくのが怖いから使えない」ということなく、人生を楽しむことができるのです。

私は証券会社を経て独立、起業しました。会社の名前は**ウェルスペント(well spent)**、**お金や時間を有意義に使う**、という意味があります。

老後のお金を見通して不安を解消する、守るお金と増やすお金に分けて安心を確保する、適切に運用して増やしながら使う。

本書では、その具体的な方法について解説します。

ファイナンシャルプランナー　株式会社ウェルスペント　代表取締役　横田健一

目次

第2章 60歳からの支出を見通し、お金を確保する

第3章 なぜ60歳から投資が必要か

第4章 60歳からの賢い投資術 153

第5章 「増やしながら使う」賢い資産取り崩し法 195

「おことわり」

●本書では、特にことわりのない限り復興特別所得税は考慮していません。

●本書では、正確性よりもわかりやすさを優先している部分があるため、一部において専門用語や説明が厳密には正しくない箇所も含まれています。

●一般的に課税口座としては特定口座や一般口座などがありますが、本書ではわかりやすさを優先して、すべて特定口座と記載しています。

●本書に掲載している事項は、情報の提供のみを目的としており、本書および著者が、証券その他の金融商品の取引の勧誘や取引の推奨等をすることを目的としたものではございません。また、本書の中のいかなる内容も将来の運用成果または投資収益を示唆あるいは保証するものではありません。最終的な投資の決定はご自身の判断でなさるようにお願い致します。

●本書は、作成時点において、信頼できると判断する情報から作成しており、その内容の正確性には万全を期しておりますが、読者の皆様がこれらの情報を用いて行う判断の一切について、本書および著者が責任を負うものではありません。

構成●高橋晴美
装丁・本文デザイン●川島 進
カバーイラスト●若泉さな絵
編集協力●伊藤 剛(Eddy Co.,Ltd.)
本文DTP・図表制作●藤井康正
校閲●麦秋アートセンター
編集●磯 俊宏(KADOKAWA)

序章

60歳から安心してお金を使えるように

▼「ファイナンシャル・ウェルビーイング」をめざす

国が金融行政方針に明記し、その実現をめざしているものがあります。**「ファイナンシャル・ウェルビーイング」**です。

ウェルビーイングは、「幸福」「健康」「福祉」などと訳されますが、もともとは世界保健機関(WHO)憲章の中で、「健康とは、病気でないとか、弱っていないということではなく、肉体的にも、精神的にも、そして社会的にも、すべてが満たされた状態にあること」という説明で使われた言葉です。「満たされた状態、良好な状態(well-being)」という意味があります。

そして、ファイナンシャル・ウェルビーイングとは、**当面の支払いを確実に履行でき、将来のお金についても安心しており、人生を楽しむためにお金のことを気にせずに幅広い選択ができる状態**を指します。

左の図は、「安心感」「選択の自由度」「現在」「将来」という2×2のマトリックスでファイナンシャル・ウェルビーイングを定義したものです。

「安心感」では、支払いに追われたりしておらず、貯蓄や保険で将来の金銭的なショック(出来事)に備えられており、頼れる親族や友人もいて安心できる状態なら、ウェルビーイングといえます。自分やパートナーに何かあったときに遺族がお金に困らずに生活できる

■ファイナンシャル・ウェルビーイングとは？

	現在	将来
安心感	毎日や毎月の支払いを管理できる	金銭的なショックを吸収できる能力 （サポートの仕組み：親族・友人、貯蓄、保険など）
選択の自由度	人生を楽しむためにお金の面で幅広い選択ができること （ニーズに加えてウォンツ。友人・家族・コミュニティに対して寛容など。学び直しや働く時間を少なくするなど）	金銭的な面での目標に向けて軌道に乗っていること （車やマイホーム、奨学金の返済、老後資金など）

出所："Financial well-being: The goal of financial education"（Consumer Financial Protection Bureau／消費者金融保護局, January 2015）を基に、筆者訳

（遺族年金や退職金、死亡弔慰金で足りる、民間の保険に加入している、親族の支援が受けられるなど）、といった状態です。

「選択の自由度」では、記念日には少し豪華なディナーを楽しむ、家族で旅行に行くなど、人生を楽しむために幅広い選択ができる、自宅のリフォームや車の買い換え、老後など、将来に向けた準備を進められているなどが、ファイナンシャル・ウェルビーイングにあたります。将来のため、目標のためにいくら準備したいというイメージがあり、それに向けて運用を始めているとか、資金を積み立てられていることが重要です。

仕事についての選択もできるのが理想です。

これから定年を迎える方であれば、定年後、再雇用で元の職場で働くケースが多いのではないでしょうか。しかし、働く日数を抑える、前からやりたかったことを個人事業主としてはじめる、社会貢献をめざしてNPO法人で働くなど、幅広い選択肢の中から働き方を決められると、自由度が高く、幸福度も高まります。そのためには、選択できる経済的余裕があるかを知ることが大前提であり、それが把握できている、可能な範囲で不安なく選択できる、ということこそが、ファイナンシャル・ウェルビーイングの状態です。

具体的にいえば、**公的年金や退職金の額、生活費、保有している資産を把握できているか**。さらに、リタイア後、資産をどのくらいのペースで使えるか。そうした見通しが立てられれば、満足度、幸福度が高まるでしょう。

▼お金があれば幸せ、とは限らない

反対に収支が把握できていない、ライフプランが立っていない、公的年金の仕組みがわからないなどから、お金が足りるかわからず、怖くて使えないという人は少なくありません。そのようにいつも不安という状態は、ファイナンシャル・ウェルビーイングではない、ということになります。

ＭＵＦＧ資産形成研究所が、金融リテラシーと保有資産別の満足度を調査したデータがあります。金融リテラシーとは金融についての知識のことです。この調査でわかったのは、**経済的な満足度はお金をたくさん持っているかどうかだけで決まるわけではない**、ということです（ＭＵＦＧ資産形成研究所「フィナンシャル・ウェルビーイングと金融リテラシーとの関係」〈２０２３年９月〉）。

多くの資産を持っている人ほど満足度が高いように思いますが、実はそうでもありません。この調査によると、まず、金融リテラシーが低い人はリテラシーが高い人に比べて現在満足度が低いことがわかりました。たとえば保有資産３０００万円以上で金融リテラシーが低い人は、資産１０００万円未満で金融リテラシーが高い人と現在満足度が同程度となっています。

つまり、資産の多寡《たか》だけでなく、金融リテラシーの高さも、満足度に与える影響が大きいのです。

お金がたくさんあればファイナンシャル・ウェルビーイングというわけではない、言い換えれば、お金があるほど幸せとは限らない、ということです。お金を増やすことも大事ですが、それと同じように、もしくはそれ以上に、金融リテラシーを高めることが満足度、幸福度を高めることにつながるのです。

▼お金に振り回される人生なんて

保有資産を増やすのには時間もかかり、簡単なことではありませんが、リテラシーを高めるのはそれほど難しいことではありません。

具体的には、お金をたくさん準備するということではなく、必要なお金がどれぐらいかを知り、自分なりのお金の使い方を考えたり、持っているお金を最大限に有効活用することを考えたりしていくことです。

数千万円貯める、1億円をめざすなど、お金が目的化してしまうとお金に振り回される人生になってしまいます。

億ションでなくても好きなものに囲まれて暮らす、豪華客船でなくても夫婦で列車の旅を楽しむなど、自分なりのファイナンシャル・ウェルビーイングを考えていくことが大事です。

▼お金の見通しを立てれば、安心して使える

Cさん夫婦は共働きで50代後半、お子さんはなく、金融資産は1億円を超えています。

住宅ローンも完済しました。そのうえ、二人とも終身で企業年金をもらえます。今の生活水準であれば、お金が足りないどころか、公的年金と企業年金で毎月おつりが出る計算で、リタイア後もお金が増え続けることになりそうです。

ご夫婦は、老後が不安だから貯めてきたというわけでもなければ、節約してきたわけでもなく、気づいたら貯まっていた、といいます。共働きでお子さんがいないと、お金遣いが派手でなければかなりお金が貯まっている人は少なくありません。

夫婦で1億円以上の資産があることがわかり、ご夫婦は「もっと使っておけばよかった」といいました。５０００万円くらいは旅行に使えばよかった、趣味を作って楽しめばよかった……など。もっと使い方があったはずだと感じたのです。

そんなお二人に、私は、「まだ十分、時間がありますよ」とお伝えしました。60代なら、エジプトでも、アフリカでも、まだまだ出かける体力があります。

しかし、**70代、80代と年齢を重ねていくと、体力や気力が追い付かず、楽しみたくても楽しめない、お金を使いたくても使いにくい、という状況になってしまう**ことも考えられます。

もちろん、とくに使うあてがないのであれば、慈善事業に寄付するなど、お金を有効に活かす方法はありますが、いずれにしても、生活するためにはいくらあればいいか、自由に使えるお金がどの程度あるのかを見通しておけば、お金を有効に使うことができるはずです。

見通しを立てるためには、

◇生活費はどのくらいか

◇医療や介護にどのくらいお金がかかりそうか

◇自宅のリフォーム費用などが必要か

◇年金はいくら受け取れるか

◇退職金や金融資産はどのくらいあるか

を把握しなければなりません。

それらがわかれば、どれくらいお金を使っていいかがわかります。

想像していたより余裕がある、という場合には、もっと旅行などを楽しめるかもしれませんし、60歳以降の働き方の選択肢が広がるかもしれません。

逆に老後資金が足りない……ということがわかれば、働く期間を少し延ばせないか考えてみる、早めに車を手放す、教育費の一部を奨学金で用意するなどの対策を考えます。対策を考えて目星がつけば、それを実行に移せばよく、「根拠はないけれどなんとなく不安」

という状態からは抜け出すことができるでしょう。

▼ウェルスペントとは有意義にお金を使うこと

もう一つ、大事な視点があります。私の法人名にしている「ウェルスペント」です。**ウェルスペントとは、お金や時間を有意義に使っていく(well spent)こと**です。たった一度の人生です。私は、ご自身のお金や時間を無駄にすることなく、できるだけ有意義に使っていくことが大切だと考えています。

お金だけでなく、時間についてもウェルスペントを意識したいところです。

生まれて90歳まで生きると仮定した場合、時間に換算すると78万８４００時間。大まかに考えると次のようになります。

◇全体78万８４００時間
◇睡眠　１日平均７・５時間では約24万６４００時間　……全体の31％
◇教育　小学校から大学４年、１日平均８時間では約３万１４００時間　……４％
◇仕事　通勤時間含め１日平均９時間では約８万８２００時間　……11％

◇その他　食事、入浴、趣味、家族との時間など。約42万2500時間　……54%

◇その他、にあたる部分は、個人の裁量で使える時間です。とくにリタイア後はその他の時間が増えますから、どう有意義に使うかしっかりと考えていきたいところです。

▼運用で資産寿命を延ばすことも重要

もう一つ大事なのは、運用です。

リタイア後は退職金やリタイアするまでに築いたお金を少しずつ使っていくのが一般的です。65歳からお金を使っていくとすると、85歳までは20年あります。これを銀行預金だけで運用していけば元本は守られますが、インフレについていけない可能性があります。

詳しくは後述しますが、年2％の物価上昇が続いた場合、10年後には1000万円の実質的な価値が820万円に、20年後には670万円に目減りします。物やサービスを1000万円分買えると思っていたら、20年後には670万円分しか買えなくなってしまう（購買力が下がってしまう）のです。そうなれば、足りるはずだったお金が足りなくなる可能性があり、「不安だから使えない」「もうゆっくりしたいけれどリタイアできない」などとなることも考えられます。

将来のお金について安心できる「ファイナンシャル・ウェルビーイング」の状態ではなくなってしまいますし、お金や時間を有意義に使う「ウェルスペント」の実現も難しくなってしまいます。

そうしたことを避け、ファイナンシャル・ウェルビーイングやウェルスペントを実現していくためには、お金の一部を投資に回すのが得策です。

世界株で運用される投資信託に投資していけば、物価上昇率を上回る利回りが期待でき、インフレでお金の価値が目減りするのを避けられる可能性が高まります。

また、1000万円を投資して月5万円ずつ取り崩した場合、利回り0%では200カ月で底をつきますが、利回り3%では277カ月と、6年半、長く取り崩すことができます。このことを**「資産寿命が延びる」**などといいます。

とはいえ、投資には元本保証はなく、リーマンショックのようなことが起きれば一時的に価格が大きく下がる可能性もあります。多くの方は、リタイア後はそのようなリスクは避けた方がいいと考えるのですが、前述のとおり、預金だけではお金の実質的価値（購買力）は下がる危険性がありますし、資産寿命を延ばすこともできません。**預金だけでは額面の金額は守れても、購買力は守れない**。これも無視できないリスクなのです。

▼資産を守って増やして使いましょう

そこでおすすめしたいのが、これから必要となるお金をしっかり見通して、守るべきお金はしっかり守り、投資する金額を見極めたうえで投資をすることです。

持ち家に住んでいる場合は修繕費などもかかるのが普通ですし、住宅ローンも残っている、教育費がまだかかる方もいるでしょう。病気や介護にお金がかかるのを心配する人も少なくありません。また毎月の生活費がどのくらいかかっていて、年金がいくら受け取れて、毎月の生活費が足りるのかどうか。実はそれも把握できてない人がほとんどです。

まずはそうしたことを明らかにして、守るべきお金を確保する。そうすれば、気持ちがすっきりし、ファイナンシャル・ウェルビーイングに近づくことができます。

そして、投資できる金額が把握できれば適切な運用によって資産寿命を延ばすことが可能となり、有意義にお金を使える＝ウェルスペントを実現しやすくなるのです。

「収入や支出を見通し」、「適切な投資でお金を増やし」、「安心して使う」。

その具体的で実践的な方法をみていきましょう。

第1章

年金・退職金
賢く受け取る、
収入を見通す

▼今後入ってくるお金を把握する

まずは60歳以降に入ってくるお金を把握しましょう。

定年時には退職金、60歳以降も働くならお給料、基本的に65歳からは公的年金も入ってきます。60歳や65歳から企業年金、ｉＤｅＣｏ(個人型確定拠出年金)、個人年金保険から年金や一時金が受け取れる人もいます。

退職金や年金は老後の生活を支える柱になるものです。

いくら受け取れるかも重要ですが、もう一つ大事なのが受け取り方で、手取り額が変わってくることもあります。退職金は一時金で受け取る、年金形式で受け取るなど、受け取り方によって税制上お得になる場合があるほか、社会保険料への影響も異なります。

まずは、いつ、どんなお金が入ってくるか、どう受け取るのがいいか、順を追ってみていきましょう。

1　60歳以降は働いても給料は減る

▼定年前の半分以下になる人が約６割

多くの企業では60歳が定年ですが、60歳以降は雇用延長や再雇用で働くことができます。65歳まで働くのが一般的になっており、60歳以降も働くなら、リタイアするまで給料が入ってきます。

とはいえ、気になるのはお給料の水準です。

50代に入って役職定年で収入が減ることは少なくありませんが、60歳以降はさらに低下するのが一般的です。「減るとは聞いていたけれどここまでとは……」とショックを受ける人も多いので、実態を知っておきましょう。

経済産業研究所の調査（「定年後の雇用パターンとその評価―継続雇用者に注目して」２０１９年）によると、**定年前に比べて収入が５割以下に減った人は全体の約59％**、６〜７割に減った人は約30％にのぼり、８割〜同程度を維持できている人は11％です。かなりシビアな状況です。

定年後の仕事の変化でもっとも多いのは、「60歳時(定年前)と同種」で、それなら賃金も同じでいいはずが、5割以下に減った人が約49%、6~7割が約36%となっており、8割~同程度は約16%です。

仕事内容が「管理職、経営支援、アドバイス」の場合は収入が8割~同程度の割合がもっとも高いものの、それでも19%弱にとどまり、定年前の6~7割が39%、5割以下が42%となっています。

定年後に「定型的な業務」「60歳時までに関わっていた業務とは関係のない業務」に変化した人では70%以上の人が定年前の5割以下に減っています。

定年を境に急に能力が下がるわけではないのに収入が大きく下がるのは、なんともやるせない気がしますが、それが実状です。

65歳まで働くのはかなり一般化しており、65歳以降も働く人は増えていきそうです。どの程度の収入が見込めるのか、勤務先のケースについて把握しておきましょう。

▼雇用保険で収入減の一部がカバーされる

収入減については、雇用保険によって、一定程度がカバーされる制度があります。

60歳以降も同じ会社に継続勤務し、60歳時賃金の75％未満に低下した場合に給付が受けられるのが、「高年齢雇用継続基本給付金」です。

賃金が60歳時賃金の75％未満に低下すると、継続勤務時の賃金の最大10％（月額）が給付されます。定年前の賃金を１００、定年後が60とすると、最大で６（60×10％）が給付され、実際の受け取りは66となります。ただし、給付されるのは60歳から65歳になるまでで、65歳以降は働いても、この給付金はありません。

定年後、別の会社に再就職して働く場合もあるでしょう。

60歳以降に再就職し、再就職前の賃金の75％未満に低下した場合、**再就職先での賃金の最大15％が毎月、「高年齢再就職給付」として支給されます**。

ただし、前の会社を退職後に雇用保険の失業給付（基本手当）を１００日以上残して再就職したなどの条件があります。

受給できるのは、基本手当の支給日数の残りが１００日以上２００日未満なら再就職から１年間、２００日以上なら２年間です（65歳になる月で打ち切り）。

2　退職金は受け取り方で手取りに大きな差

▼退職金の額を調べるのが先決

定年が60歳の会社では、その後も雇用継続や再雇用で働く場合でも退職金の受け取り方は60歳で決めるのが一般的です。会社員の方でこれから退職金を受け取る方は、金額を把握し、受け取り方を検討しましょう。

退職金制度は企業によって異なり、退職一時金のほかに、企業年金制度を設けている例もあります。

企業年金には、勤続年数などに応じて積み立てられ、金額が決まっている**「確定給付年金」**や、従業員が運用先（預金商品や投資信託など）を決め、その成果によって金額が決まる**「確定拠出年金」（企業型ＤＣ）**などがあります。

退職金がいくらかがわからなければ、老後の計画を立てられません。「上司の話ではこのくらい……」というのではあてになりませんから、勤務先に制度の内容と金額を確認したいところです。計算方法しか教えてくれないなどのケースもありますが、総務部や人事部、イントラネットでできるだけ具体的な情報を得ておきましょう。

▼どう受け取るか。一時金なら税メリットが大きい

退職金で重要なのは、どう受け取るか、です。**退職金の受け取り方には、「一時金」「年金受取」「一時金と年金のミックス」があります**。どれを選択できるかは勤務先によって異なり、定年が近くなると、どう受け取るかを決める必要があります。その際に知っておきたいのは、受け取り方によって税金や社会保険料に大きな違いがあることです。

一時金で受け取る場合には、税法上、「退職所得」となります。その場合は「退職所得控除」が適用されますが、この控除はとても大きく、税負担が大幅に軽減されるのが特徴です。

控除される額は勤続年数が長いほど大きくなり、勤続年数20年以下の分は1年あたり40万円、20年を超えた分は同70万円が控除されます。大学卒業して23歳から60歳まで勤続

年数38年の場合では、「800万円(40万円×20年)＋70万円×18年」で、2060万円が控除されます。退職金が2000万円なら、「2000万円－2060万円」で退職所得はゼロとなり、税金はかかりません。

また退職金が3000万円なら「3000万円－2060万円」で940万円となりますが、退職所得はこの金額に2分の1を乗じた額となります。つまり、940×½で、課税される退職所得は470万円です。

470万円の場合、所得税率は20％で、住民税10％と仮定すると、税額は約98万円です(復興特別所得税を除く)。3000万円の退職金に対する税金としてはかなりの軽減で、退職所得控除を使わないのはもったいない、といっていいでしょう。また退職所得は「分離課税」のため、ほかの収入(給与収入など)とは合算されず、退職所得が生じたからといって給料にかかる税金が高くなることはありません。

さらに退職所得は国民健康保険や介護保険のなどの社会保険料もかかりません。

▼年金受取では税金・社会保険料が増える可能性

一方、年金で受け取る場合は「雑所得」となります。

公的年金や確定給付年金、確定拠出年金には「公的年金等控除」が適用されます。控除額は年齢と所得額によって異なり、65歳未満では、年金収入額が１３０万円未満なら年60万円、１３０万〜３３０万円では「年金収入金額×25％＋27・５万円」などです。65歳以上の人の公的年金等控除は、年金収入が３３０万円未満では年１１０万円、年金収入額が３３０万〜４１０万円では「年金収入金額×25％＋27・５万円」となっています。

年金収入額から公的年金等控除額を引いた額が、雑所得として課税の対象となります。適用されるのは「総合課税」で、給与収入などと合計されて課税されます。税率は所得が多いほど高くなる累進課税のため、**年金のほかに給与収入などもあって収入が多い場合、税率が高くなり、全体の税負担が重くなる可能性もあります**。

また一時金には社会保険料がかからないのに対し、年金受取では、働き方によっては社会保険料の計算に含まれるというのも大きな違いです。社会保険料は所得が多いほど高くなりますから、年金を受け取ることで社会保険料の負担が重くなります。

税、社会保険料、いずれの点からも、**一時金で受け取れるものは一時金で受け取った方が有利**といえます。

▼会社員でも65歳からは社会保険料に影響

年金受取の場合は、会社員として厚生年金に加入して働き続けるのか、個人事業主として働くのか、あるいは働かないのかによって、社会保険料への影響が異なります。

60歳でリタイアする場合や自営業として働く場合には、年金受取にすると雑所得になり、社会保険料がかかります。したがって、社会保険料の観点からも一時金で受け取った方が有利と考えられます。

60歳以降も会社員として厚生年金に加入して働く場合には、給料によって社会保険料が決まり、65歳まで、年金受取しても社会保険料には影響しません。**しかし65歳からは、介護保険料には影響し始めます**。やや複雑ですが、介護保険は65歳手前まで第2号被保険者、65歳からは第1号被保険者になり、65歳以降は前年の所得に応じて標準で13段階の料率で保険料が決まることになっています。

▼退職所得控除は複数回利用できる

企業によっては、複数の退職給付制度が存在しているケースもあります。

退職一時金は60歳で受け取る必要があるものの、確定給付企業年金は自分で受取時期を

■退職金や企業年金の受け取り方の比較

	一時金	年金(分割)
所得区分	**退職所得**	**雑所得**
控除	**退職所得控除** **20年以下**：40万円×勤続年数 **20年超**： 800万円+70万円×(勤続年数−20年)	**公的年金等控除** **65歳未満**：60万円〜 **65歳以上**：110万円〜 「公的年金等に係る雑所得」以外の所得にかかる合計所得金が1,000万円以下の場合
所得金額	**退職所得の金額** ＝(収入金額−退職所得控除額)×1/2	**雑所得** =年金収入金額−公的年金等控除額
税制	**分離課税**	**総合課税**
社会保険料 (国民健康保険、後期高齢者医療制度、公的介護保険)	**対象外**	**対象**
備考	複数の退職所得がある場合、退職所得控除額の調整あり	公的年金、確定給付年金、確定拠出年金、国民年金基金、小規模企業共済等が合算される

選べるなどの例もあります。

その場合、60歳で退職一時金を受け取って退職所得控除の適用を受けたあと、翌年(61歳時)に別の退職給付(確定給付年金など)を一時金で受け取り、再度、退職所得控除を受けることもできます。

一時金を受け取った際に退職所得控除を使うため、確定給付年金の受取時には退職所得控除の調整が行われる形になりますが、退職所得控除には80万円という最低金額があります。**退職所得が発生する年を1年でもずらせば、必ず80万円以上の退職所得控除額が適用され**、その上2分の1を掛けた金額に対して分離課税が適用されるのです。

たとえば退職一時金2000万円を受け取り、退職所得控除で税額はゼロになったとします。さらに、翌年に確定給付年金を一時金で100万円受け取ると、80万円が控除され、退職所得は(100万円－80万円)×½で10万円となり、所得税と住民税がかかるのは10万円に対してのみとなります。

▼退職金を早く受け取れば運用で増やせる

前述のとおり、退職金は一時金でもらえば多額の退職所得控除が適用され、税金や社会保険料の面でも有利です。

さらにもう一つ、一時金で受け取るメリットがあります。

それは、受け取ったお金を運用できることです。

投資に慣れていない方にとっては、「老後資金で投資するなんてリスクが高すぎる」と感じるかもしれませんが、それは不適切な投資をする場合であり、**適切な方法をとれば投資によって老後を豊かにすることは十分可能**です。

詳しくは後述しますが、投資とは、「将来値上がりが期待できる資産を買って、長期で保有する」ことです。おすすめは世界中の株式に分散投資できる世界株インデックスファンドで、長期的には平均で年5〜6％程度のリターンが期待できます。

個別銘柄を選んだり、特定の国に投資したりすれば当たり外れが出る可能性がありますが、世界株への投資は世界経済全体の成長に乗るということであり、投資先に悩んだりする必要もありません。

退職金を一時金で受け取れば、そのお金を世界株インデックスファンドに投資することができます。**1000万円を投資して年5〜6％で運用できれば、リターンは年50万〜60万円です。**

もちろん、株価には上げ下げがありますが、長期で取り組めば、リターンを得ることは難しくありません。

この「長期で」という視点はかなり重要です。

60歳で退職金を受け取るものの、65歳まで働く場合には、リタイアするまで退職金を使う必要性は低いでしょう。またリタイアしたからといって、すぐに何百万円、何千万円を一気に使うわけでもありません。したがって、60歳で投資して65歳から使いはじめるとしても、少なくとも5年は投資を続けることができます。

退職金を一時金で受け取ることで、投資する時間をつくれるというわけです。

▼年金受取での運用益は雀の涙

年金形式で受け取る場合、企業が運用を続けてくれます。利回りは企業により異なりますが、年利回り1・5%といった場合、「一時金で受け取って預金しておくより、年金受取にして運用してもらったほうが有利」と感じるかもしれません。しかし、有利と感じるのはあくまで預金と比べれば、です。

前述のとおり、世界株インデックスファンドで運用すれば年5〜6%程度が期待できますから、1・5%は相対的に魅力のある水準とはいえません。それならば、一括で受け取り、自分で運用することを考えた方がいいのではないでしょうか。

▼個人年金保険も受け取り方を選べる場合がある

民間の保険会社が扱っている個人年金保険の受け取り方も検討の余地があります。

個人年金保険は、60歳から10年間、65歳から10年間など、受取時期が決まっていますが、保険会社によっては受取開始時期を先延ばしできるケースがあります。受け取るまでの間、一定の利回りで運用が続けられますが、これも、「受取時期を延ばして保険会社に運用を任せる」か、「予定どおりに受け取って、自身で投資する」かの選択となります。

3 公的年金の額を把握する

▼ねんきん定期便をしっかりみよう

公的年金は老後の大きな柱になるものです。まずは年金額を把握しましょう。

男性では１９６１年４月２日以降、女性では１９６６年４月２日以降に生まれた人は、公的年金が受け取れるのは65歳からです。それ以前に生まれた人は、60歳以降、生年月日に応じて順次、特別支給の老齢厚生年金の受給が可能です。

何歳からいくらの公的年金が受け取れるかは、毎年1回、日本年金機構から郵送される**「ねんきん定期便」**で確認できます。

ねんきん定期便の内容は50歳未満と50歳以上とで異なります。

41ページの図は、50歳以上のねんきん定期便(裏面)で、これまでの年金加入期間や老齢年金の種類と見込額(年額)が記載されています。老齢年金とは、老後に受け取れる年金のことで、**公的年金にはほかに一定の障害状態になった場合に給付される障害年金や、加入者が死亡した際、遺族に給付される遺族年金があります**。

老齢年金の種類は大きく分けて国民年金にあたる「基礎年金」と、「厚生年金」があり、会社員は基礎年金と厚生年金の2階建てです。自営業(個人事業主)の方は基礎年金のみですが、厚生年金に加入した期間があって要件を満たしていれば、厚生年金も受け取れます。基礎年金は40年間、保険料を満額納付した場合で年間約83万円(2025年度価額)となっており、保険料を納付しなかった月があると、その分、年金額が少なくなります。

厚生年金は保険料の納付期間や納めた保険料(現役時代の給料などで決まる)などで異なり、保険料を長く、多く納めた人ほど、年金額も多くなります。

50歳以上の人では、現在の加入条件が60歳まで続いた場合、何歳から、いくらの年金が支給されるかが記載されています。現在の加入条件とは、自営業の人は自身で国民年金保険料を、会社員なら現在の収入水準の保険料を60歳まで払い続けた場合です。60歳前に収

■ねんきん定期便のここをみる（50歳以上の裏面）

2．これまでの年金加入期間（老齢年金の受け取りには、原則として120月以上の受給資格期間が必要です）

国民年金（a）第１号被保険者（未納月数を除く）	国民年金（a）第３号被保険者	国民年金（a）国民年金 計（未納月数を除く）	付加保険料納付済月数	船員保険（c）	年金加入期間 合計（未納月数を除く）（a＋b＋c）	合算対象期間等（d）	受給資格期間（a＋b＋c＋d）
月	月	月	月	月	月	月	月

厚生年金保険（b）一般厚生年金	厚生年金保険（b）公務員厚生年金	厚生年金保険（b）私学共済厚生年金	厚生年金保険（b）厚生年金保険 計
月	月	月	月

3．老齢年金の種類と見込額（年額）（60歳未満の方は現在の加入条件が60歳まで継続すると仮定して見込額を計算しています）

受給開始年齢	歳～	歳～	歳～	歳～
（1）基礎年金				老齢基礎年金 円
（2）厚生年金	特別支給の老齢厚生年金	特別支給の老齢厚生年金	特別支給の老齢厚生年金	老齢厚生年金
一般厚生年金期間		（報酬比例部分）円 （定額部分）円	（報酬比例部分）円 （定額部分）円	（報酬比例部分）円 （経過的加算部分）円
公務員厚生年金期間	（報酬比例部分）円 （定額部分）円 （経過的職域加算額（共済年金））円	（報酬比例部分）円 （定額部分）円 （経過的職域加算額（共済年金））円	（報酬比例部分）円 （定額部分）円 （経過的職域加算額（共済年金））円	（報酬比例部分）円 （経過的加算部分）円 （経過的職域加算額（共済年金））円
私学共済厚生年金期間	（報酬比例部分）円 （定額部分）円 （経過的職域加算額（共済年金））円	（報酬比例部分）円 （定額部分）円 （経過的職域加算額（共済年金））円	（報酬比例部分）円 （定額部分）円 （経過的職域加算額（共済年金））円	（報酬比例部分）円 （経過的加算部分）円 （経過的職域加算額（共済年金））円
（1）と（2）の合計	円	円	円	円

郵便はがき

お客様へのお知らせ

ねんきんネットの「お客様のアクセスキー」

※「お客様のアクセスキー」の有効期限は、左記データ作成日から５カ月後の月末までです。

※年金見込額は今後の加入状況や経済動向などによって変わります。あくまで目安としてください。
※一般厚生年金期間の報酬比例部分には、厚生年金基金の代行部分を含んでいます。
右のマークは目の不自由な方のための音声コードです。

「ねんきん定期便」の見方は
ねんきん定期便　見方　検索
(https://www.nenkin.go.jp/service/nenkinkiroku/torikumi/teikibin/teikibin.html)

現在の加入条件が継続した場合に65歳から受け取れる見込額です

出所：日本年金機構ホームページより作成

入が変化して保険料が変わったり、自営業になって厚生年金から国民年金に変わったりした場合には、年金額も変わります。

また60歳以降も会社員として働き続ける場合は、働いている間、厚生年金の保険料を払い続けることになり（最長70歳まで）、年金額は増えます。

今後の加入内容によって年金額がどのように変化するかは、ねんきん定期便の表面・右下に記載された二次元コードを使えば厚生労働省の「公的年金シミュレーター」で試算できます。

▼妻(夫)が年下なら「加給年金」がもらえる

ねんきん定期便には記載されていませんが、人によっては**「加給年金」**が受けられます。加給年金とは、夫(妻)が65歳から厚生年金を受け取る際、65歳未満・年収850万円未満の妻(夫)(老齢厚生年金を受け取る権利がない等の要件あり)がいる場合、妻(夫)が65歳になるまで夫(妻)に支給されるものです。**金額は年約41万円です**(2025年度価額)。

さらに妻(夫)が65歳になると、妻(夫)は自身の年金に加えて**「振替加算」**が受けられます。金額は生年月日によって異なり、昭和36年4月2日～昭和41年4月1日生まれまでの人では約1万6000円です(2025年度価額)。なお、昭和41年4月2日以降に生まれた人には振替加算はありません。

ねんきん定期便には、加給年金や振替加算、さらに遺族年金や障害年金の金額も記載されているのが理想ですが、現在は記載されていません。遺族年金とは年金加入者が死亡した場合に遺族が受け取れる年金、障害年金とは年金加入者が障害を負った場合に支給される年金です。それらがねんきん定期便に記載されていれば、そうした年金の存在がわかり、「公的年金は老後を支える以外にも役割があること」「欠かせないものであること」がわかり、認識が変わるのではないでしょうか。

自分が死亡した場合、配偶者にはいくら遺族年金が出るのか。子どもがいた場合にはどうか、など。実際には家族の状況によって異なりますが、ベーシックなパターンを一例として記載しておけば親切だと思います。

▼熟年離婚すると年金はどうなる？

参考までに、離婚した場合に夫婦で年金を分割する制度について触れておきます。年金分割とでは、年金額が多い方が少ない方に年金を分けるものです。

平成20年４月１日以降に支払った保険料に対応する分は年金が少ない側の請求だけで分割できますが、それ以前に支払った保険料に対応する分の年金を分割するには両者の合意が必要です。

また分割の対象になるのは、**年金が多い側の婚姻期間中に支払った保険料に対応する厚生年金部分のみで、基礎年金部分は分割されません**。分割される額は、平成20年４月１日以降に支払った保険料に対応する分は一律50％、それ以前の分は上限50％です。

▼年金額＝手取り額ではない。手取りは85〜90％

ねんきん定期便で年金の支給額がわかっても、支給額＝手取り額ではない、という点には注意してください。公的年金にも、税金や社会保険料がかかります。

公的年金は、前述した公的年金等控除が適用されます。

給与収入がない場合、年金の支給額から所得税と住民税、社会保険料が引かれ、引かれたあとの金額が振り込まれます。

会社員として厚生年金加入や健康保険に加入しながら公的年金を受給する場合には、給与の額から保険料が決まり、給与から天引きされる形となります。年金収入からは所得税・住民税が天引きされますが、最終的には確定申告して税額を確定して納めることになります。

また前述のとおり、会社員は65歳から介護保険料の支払い方が変わります。

64歳までは、介護保険料分は健康保険料に含まれますが、65歳になると第1号被保険者となり、健康保険料と別枠になります。40〜64歳の会社員や公務員は被保険者ごとに定められた保険料率を勤務先と折半して天引きされますが、**65歳以上では給与天引きされず、自身で市区町村に支払います**。

保険料は所得や市区町村によって異なり、東京都の平均基準保険料は約７万６０００円（年額）となっています。

公的年金から税や社会保険料がどのくらい引かれるかは、働き方や年齢、市区町村によって異なり、一概にいくらとはいえません。

とはいえ、老後の生活費は、年金でいくら不足するかをベースに考える必要があり、年金の手取り額は知っておきたいところです。

あくまで目安ですが、公的年金が年１８０万円台前半ぐらいまでなら支給額の約90％（支給額１８０万円なら手取り１６２万円前後）、**年金の支給額が２５０万円近くなると85％程度（支給額２５０万円なら手取り２１２万円前後）が手取りの目安**と考えるといいでしょう。少子高齢化により、社会保険料の負担が軽減されることは考えにくそうです。

▼働きすぎると年金が減らされる

年金を受け取りながら働く、という選択肢もあります。その際に知っておきたいのが「在職老齢年金」です。

在職老齢年金とは、働きながら年金を受け取る場合に、賃金と年金額の合計が一定額を超えると、年金額がカットされる制度です。対象となるのは厚生年金に加入しながら働く人で、自営業で働くなど、厚生年金に加入しないで働く人には関係しません。

具体的には、**月給（標準報酬月額）と、直近1年間の賞与（標準賞与額）の12分の1を足した額と、老齢厚生年金（基礎年金は対象外）の12分の1との合計（加給年金と、繰り下げ受給を選択した場合の増額分を除く）が51万円（2025年度価額）を超えると、超えた金額の半分が支給停止**になります。

たとえば月給と賞与の12分の1の合計が55万円、老齢厚生年金が10万円の場合、合計65万円となるため、51万円を超えた分（14万円）の2分の1にあたる7万円が支給停止となり、厚生年金は3万円しか受け取れません。

65歳以降で給与と老齢厚生年金の合計が51万円を超える人は比較的高収入といえます。厚労省のデータでは、65歳以降の在職している年金受給権者数は308万人で、そのうち16％が在職老齢年金の適用を受けて一部停止されています。約6人に1人の割合です。公的年金のモデルベースでは厚生年金の年金額は9万円程度で、その水準でいえば、年金を受け取りながら年収500万円以上で働く場合は念頭においておくといいでしょう。

在職老齢年金で年金が支給停止になるのは悔しいと感じるかもしれませんが、支給停止にならないように働き方を調整するかどうかは、判断が難しいところです。

個人的には、年金が一部支給停止になったとしても、自分が働きたいのであれば思い切り働き、結果として年金がカットされるならそれもありだと思いますが、感じ方は人それぞれ。年金がカットされるくらいなら働き方をセーブした方がいいか、健康的で規律のある生活習慣を維持するために、たとえ減額されても積極的に働くか。さまざまな考え方があるでしょう。

なお、高齢者の働きがいを損なうという観点から、支給停止になる基準額の見直しが検討されています。

▼70歳まで働き続けると年金は増える

60歳以降も会社員として働く場合、基本的には70歳までは厚生年金に加入することになり、給料などから年金保険料が天引きされます。

厚生年金に入って働き続ければ年金額が増えていきます。

65歳以降、厚生年金に加入して働きながら年金を受け取る場合、65歳以降の加入で増える分については毎年1回、年金額に反映されます(在職定時改定)。

ちなみに国民年金の加入期間は４８０カ月が上限です。**学生時代は年金保険料を納めなかったなど、保険料の納付期間が４８０カ月に満たないと、満額を受け取ることができません**。この場合、60歳以降も任意加入し、保険料を支払うと、年金額を増やすことができます。

4 公的年金は早くもらうか、遅らせるか

▼年金は繰り下げか、繰り上げか？

公的年金は原則65歳から支給されますが、受給開始を遅らせる「繰り下げ受給」や、受給開始を早める「繰り上げ受給」も選択できます。テレビや新聞、雑誌などでよく話題になるので、ご存じの方も多いでしょう。

繰り下げ、繰り上げとも、1カ月単位で行うことができ、**1カ月繰り下げると年金額が0・7％増えます**。1年の繰り下げでは8・4％増、5年で42％増で、最大75歳まで繰り下げると84％増です。かなり大きく増えること、また増えた年金が一生涯続くことから、老

後の安心感が増すと考えられています。

会社員では基礎年金(国民年金)と厚生年金の２階建てですが、いずれか一方を繰り下げることもできます。繰り上げを選択する場合は基礎年金、厚生年金セットでの繰り上げとなり、どちらか一方を繰り上げることはできません。ねんきん定期便の表面の中央には、基礎年金、厚生年金ともに繰り下げて70歳から受給する場合、75歳から受給する場合の年金額が記載されています。

▼年金の常識は非常識!?　繰り下げが得とは限らない

有力な老後資金対策ともいわれる繰り下げ受給ですが、いいことばかりではありません。51ページの表は繰り下げ受給と繰り上げ受給のおもなメリット・デメリットをピックアップしたものです。

繰り下げの最大のメリットは、年金額が増え、それが終身で継続することです。年金額２００万円の人が５年繰り下げると、年金額は42％増の２８４万円になり、その額が一生涯続きます。

対してデメリットは、早く亡くなると受取額の総額が少なくなることです。

年金額２００万円なら、繰り下げなければ65歳から69歳までの５年間で１０００万円の年金が支給されたはずです。70歳からは284万円の年金が受け取れますが、1000万円を取り戻すには約12年かかります。**受取総額でみれば、70歳から12年間、年齢にすると82歳まで年金を受け取ってはじめて、繰り下げした方が多くなる**、というわけです。

また**公的年金には税金や社会保険料もかかります**。税金も社会保険料も年金額によって決まりますから、繰り下げによって年金額が多くなると、それらの負担が重くなります。そのため、年金額が5年の繰り下げで42％増えても、手取りベースではそこまでは増えないのです。また繰り下げた分を取り戻すまでに約12年かかると前述しましたが、手取りベースではさらに数年を要することになります。

公的年金には**「公的年金等控除」**があり、年金収入から65歳未満は最低でも60万円、65歳以上では同110万円が引かれ、所得税や住民税が計算されますが、繰り下げている期間はこの控除が活用できないのも、もったいない話です。

さらに医療費や公的介護保険サービスの利用料は所得に応じて自己負担の割合が1～3割となり、年金収入が増えると自己負担割合が2～3割に増える可能性があります。「額面」だけでなく「手取り」、また医療費などへの影響を考えることが重要です。

■年金の繰り上げ受給・繰り下げ受給のおもなメリット・デメリット

繰り上げ受給	メリット	●早く受給できる（生活に余裕があるならNISAなどで増やすことも） ●60代前半の公的年金等控除額を活用できる ●収入が低くなるため、医療費や介護費などの保険料、自己負担が低くなる ●繰り上げたとしても、遺族年金は65歳水準で計算される ●繰り下げ受給などと比べて、死亡した時点で相続資産を多めに残せる可能性がある
	デメリット・注意点	●減額された水準が終身で継続する。一度繰り上げ請求すると、取消不可 ●基礎と厚生を同時に行う必要がある ●障害年金（非課税）の受給はできなくなる ●国民年金の任意加入や追納で年金額を増やすことができなくなる（ただし、厚生年金加入での増額は可能） ●繰り上げ受給後に被保険者だった期間の保険料負担分が年金額に反映されるのは65歳到達時、在職定時改定時、退職（資格喪失）時となる ●夫が繰り上げて受給し、60代前半（たとえば63歳）で死亡すると、妻は65歳までは遺族年金と、自身の老齢年金のどちらかしか受給できない ●繰り上げても加給年金は65歳から ●iDeCoに加入できなくなる

繰り下げ受給	メリット	●増額された水準が終身で継続するため、長生きリスクへの安心感が得られる
	デメリット・注意点	●増額された年金収入が継続するため、税（所得税・住民税）・社会保険料（公的医療保険、公的介護保険）負担も高めになる ●60～74歳の公的年金等控除額（最大で60万円×5年+110万円×10年=1,400万円）を活用できない可能性がある ●老齢厚生年金の繰り下げ待機中は加給年金の支給は停止、その後受給を開始しても、加給年金は増額されない ●老齢基礎年金を繰り下げると、振替加算は受給できなくなる可能性がある ●繰り下げたとしても、遺族年金は65歳水準で計算された金額

▼繰り下げると「加給年金」がもらえなくなることも

年下の妻（夫）がいる方が年金を繰り下げるには、前述の「加給年金」にも注意が必要です。加給年金は「夫（妻）が厚生年金を受け取る際」に支給されるため、夫（妻）が厚生年金の受給を繰り下げている間は加給年金も支給されません。5歳年下の妻（夫）がいた場合、夫（妻）が65歳から厚生年金を受給すれば65歳から69歳まで加給年金が支給されますが、夫（妻）が厚生年金を5年繰り下げると、その時点で妻は65歳となって支給の条件から外れ、加給年金は支給されないのです。**このケースでは5年分で約200万円を受け取り損ねることになります**。

繰り下げは、基礎年金部分だけの繰り下げ、厚生年金部分だけの繰り下げも選択できますから、加給年金の受給を優先するなら、基礎年金部分だけを繰り下げ、厚生年金部分は65歳から受け取るのも手です。

▼繰り上げ受給は本当に不利か

繰り下げのお得度が強調される半面、繰り上げは避けるべきといわれることがほとんどです。でも、本当に不利なのでしょうか。私は必ずしもそうは思いません。

年金受給を1年繰り上げると4・8%、5年で24%、支給額が減額されます。60歳から受け取ると、本来の年金額の76%の水準となり、これが生涯続くため、長生きすると繰り下げたことを後悔し続ける、などといわれています。年金は長生きリスクに備える保険でもあり、その意味では、たしかに額を減らすのはよくないようにも思えます。

しかしメリットもあります。

繰り上げのメリットは、いうまでもなく早く受給できることです。

そもそも、繰り下げをするには、繰り下げている間、年金を受け取らなくても生活できるお金が必要です。70歳まで繰り下げるなら70歳まで働く、などです。

対して60歳でリタイアしたい人なら、60歳から年金を受け取って生活費に充てることも可能です。

そもそも繰り下げをするためには、長く働くという話になりがちで、70歳まで繰り下げるには70歳まで年金がなくてもいいように働く、というのが前提です。望んで働くのならもちろんいいのですが、**本当はリタイアしたいのに年金を繰り下げるために働くのだとし**

たら、それは望んだ人生といえるでしょうか。

60歳以降をどのように過ごしたいか。優先されるべきはそこです。繰り下げ、繰り上げのメリット・デメリットを理解し、そのうえで価値観に合うものを選ぶのがよいのであり、「なるべく長く働いて年金は繰り下げた方がいい。なぜなら終身で増額された年金が受け取れるから」という論調には違和感を覚えます。

▼年金が少ない方が後々ラクということもある

65歳まで働いて収入を得るなら年金を繰り上げなくてもいいように思えますが、あえて年金を受給してゆとりある生活を楽しむ、というのもいいでしょう。

給与収入があっても公的年金等控除を使うことができ、60代前半では年間60万円×5年分が非課税となります。ほかに受け取る年金がない、あるいは企業年金やｉＤｅＣｏがあるが一時金で受け取るなどで公的年金等控除を使わない場合は、公的年金を繰り上げて非課税枠を活用するのもいいでしょう。

また年金額が少なくなることで、社会保険料が抑えられる、高齢期における医療費や公的介護保険サービス利用料の自己負担が低くなるというメリットもあります。

▼早く亡くなっても遺族は損しない

配偶者がいる場合の繰り上げについて整理しておきましょう。

たとえば夫が60歳から年金を繰り上げ受給し、63歳などで亡くなったとします。妻は遺族年金を受け取ることができますが、遺族年金の額は繰り上げで少なくなった額ではなく、本来の水準(繰り上げせず、65歳から受け取った場合の水準)で計算されます。

夫は60歳から63歳までの3年分の老齢年金を受け取り、63歳で死亡してからは妻が本来の水準で遺族年金を受給できるわけです。繰り上げることで早くから年金を受け取れてよかったことになりますし、**遺族年金には繰り上げによる減額が影響しないので、死亡後も不利にならない**というわけです。

ちなみに、繰り下げた場合でも、遺族年金は増額された年金額ではなく、本来水準の年金額で計算されます。

また年金を繰り下げ、受け取るまでの間、働いても収入が足りないなどで預貯金を取り崩すと、手元の金融資産はどんどん減っていきます。年金額を増やし、これから年金で生活していくというときに亡くなると、せっかく増やした年金が受け取れないだけでなく、金融資産が減った状態で亡くなることになってしまいます。

繰り下げずに65歳から受け取ったり、繰り上げ受給をしていたりすれば、金融資産を減らすことなく、遺族に相続できた、という可能性があります。

▼裏技・繰り上げ受給して運用する

私自身は、繰り上げ受給を有力な選択肢として考えています。前述したようなメリットがあるのに加えて、**「運用すれば増やせる」**と思っているからです。

65歳から受け取る場合の年金額を100万円とすると、60歳繰り上げ受給では76万円に減り、70歳繰り下げ受給では142万円、75歳受給では184万円に増えます。

その年金額に運用益(運用で得る利益)を加えるとどうなるでしょうか。

57ページの図は年金の受け取り方と運用についてのシミュレーションです。

たとえば60歳から繰り上げ受給し、これを全額、年6%で運用した場合、65歳時には年金額(累計)と運用益の合計が530万円、70歳時には1138万円に増えています。

65歳から受給を開始し、同じく全額を年6%で運用すると、70歳には698万円です。

■年金の繰上げ・繰下げ受給と資産運用
●運用利回り6%の場合

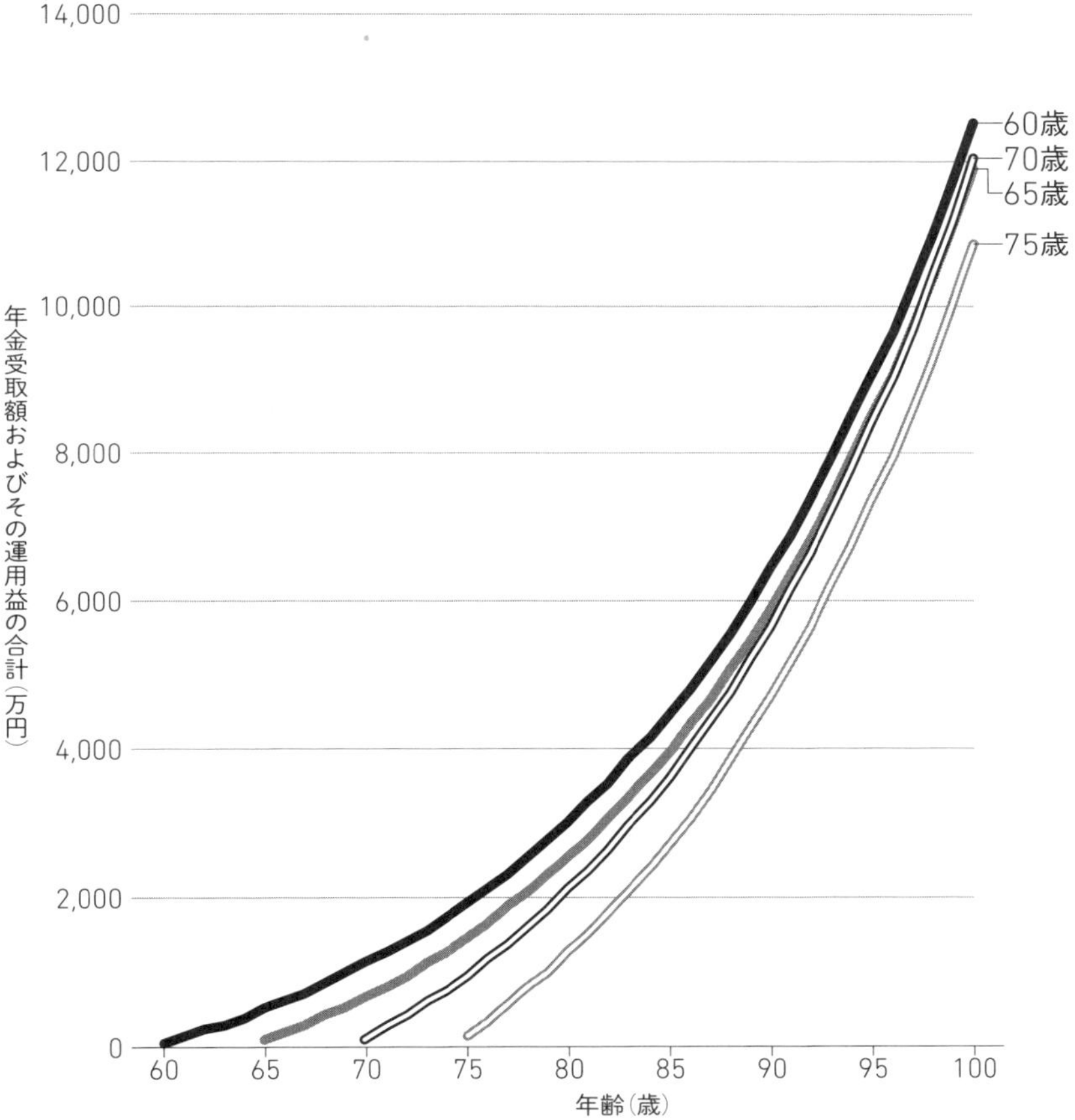

●65歳からの受給額を100万円として、60歳からの繰上げ受給なら76万円、70歳または75歳からの繰り下げ受給ならそれぞれ142万円、184万円として額面金額での試算（税・社会保険料は考慮していない）
●運用利回りは6%（年率）として試算
●60歳受給開始は、少なくとも100歳まで逆転されることはないつまり、繰り上げで年金額が少なくなっても、それを運用することで資産を増やすことができるというわけです。それは、早く受け取る分、運用できる期間が得られるためです。図でもわかるように、75歳、80歳……などと進んでも60歳受給開始の優位性が続き、少なくとも100歳まで、65歳受給、70歳受給などに逆転されることはありません。

運用利回りが少し低い5％の場合でも、60歳受給開始では96歳の時点で70歳受給開始のケースに逆転されるものの、65歳受給開始や75歳受給開始と比べると、少なくとも100歳までは60歳受給の方が有利です。

なお、ここでは額面金額で計算しましたが、実際には年金額から税金や社会保険料が引かれるため、運用できる額は少なくなります。その場合、早く受給して運用することの有利性は、いっそう高くなります。なぜなら、年金額が多いほど税や社会保険料負担が増え、年金の手取り(ここでは運用に回せる額)が少なくなるからです。

年金を生活費として使えば運用はできませんが、65歳まで働くのであれば、60歳から受け取り、働いている間は運用し、65歳から取り崩す、という方法もとれます。60歳から76万円ずつ受け取って6％で運用すると、65歳時には530万円になっていますから、ここから取り崩してもいいわけです。

繰り上げが絶対におすすめとはいいませんが、**少なくとも、「繰り下げが得で、繰り上げは絶対にだめ」という常識は疑う余地がある**と思います。

60代前半は働く、70歳手前まで個人年金があるという方でも、最後は年金収入だけになるケースが多く、そうなれば社会保険料や税負担が低めに抑えられたり、医療費や介護サービスの自己負担割合が低かったりするのは、かなりの安心感になります。

運用にはリスクがあり、毎年確実に６％で運用できるものではありません。しかし投資の基本を十分理解したうえで行えば、繰り上げ受給して運用するという選択肢も一考の余地があるのではないでしょうか。

5　相続は見通しとタイミングが肝心

▼相続の見通しで生き方が変わることも

今後の収入として考えられるものの一つに、相続があります。

あてにせず、入ってきたらラッキーだと思えばいい、という考え方もありますが、ウェルスペントの観点からいえば、事前に確認しておきたいところです。「老後資金が足りないから高齢になるまで一生懸命働いたものの、ある日、相続で数千万円入ってきた。ここまで働かなくてもよかった……」「相続でまとまったお金が入ってきたが、体力も衰え、どう使おうか悩んでしまう」といった方もいるからです。

60代、70代で相続が発生して、数千万円が入ってきても、うまく活用しきれない可能性がありますが、前もってある程度の見込みがわかっていれば、多少、計画に入れることもできます。過大なストレスを抱えながら無理して働いているといった場合も、それを話しておけば支援してもらえたなど、コミュニケーションをとることで、互いにとってより良い人生になることも考えられます。

過度に期待するのもどうかと思いますが、現実的なところを想定してもいいでしょう。

反対に親の生活費が不足していないか、介護が必要になったとき、病気になったときの費用はあるのかも気になるところです。帰省したとき、誕生日を祝うときなど、資産がどのくらいあり、相続についてどう考えているか、また自宅はどうするつもりか。ご自身の老後に影響しないとも限りませんから、早めに確認しておくのが賢明です。

▼生前贈与して早く運用した方が得

資産は親の死後に相続するのではなく、生前贈与してもらう方法もあります。

生前贈与には、相続より早い時期に資産を引き継ぐことで、さまざまな使い方ができる、場合によっては必要になる時期まで運用できるなどのメリットがあります。親御さんから受けるほかに、ご自身がお子さんに贈与、相続させることもできます。ここでは親が50歳、子が20歳のケースで考えてみましょう。

親が１００万円を40年間持ち続けると、利回り２％では90歳になったときに２２０万円になります。これを90歳時に子が相続すると、相続税の税率が30％なら66万円の相続税がかかり、子が手にできるのは１５４万円です（相続税の税率は相続財産などにより異なる）。

これを40年後ではなく、すぐに贈与するとどうなるでしょうか。

贈与税には年１１０万円の基礎控除があり、１００万円の贈与なら贈与税はかかりません。これを子が自ら運用すれば、年２％の利回りで40年後には２２０万円になります。**40年後に相続税を負担して受け取るより、66万円多く得ることができるのです**。

運用利回りが高いほどその差は広がり、利回り５％の場合は、40年後に７０４万円に増えます。その時点で相続すると、相続税は２１２万円、子の取り分は４９２万円になりますが、子が先に受け取り、子が運用すれば７０４万円です。

■贈与税非課税の範囲で生前贈与！

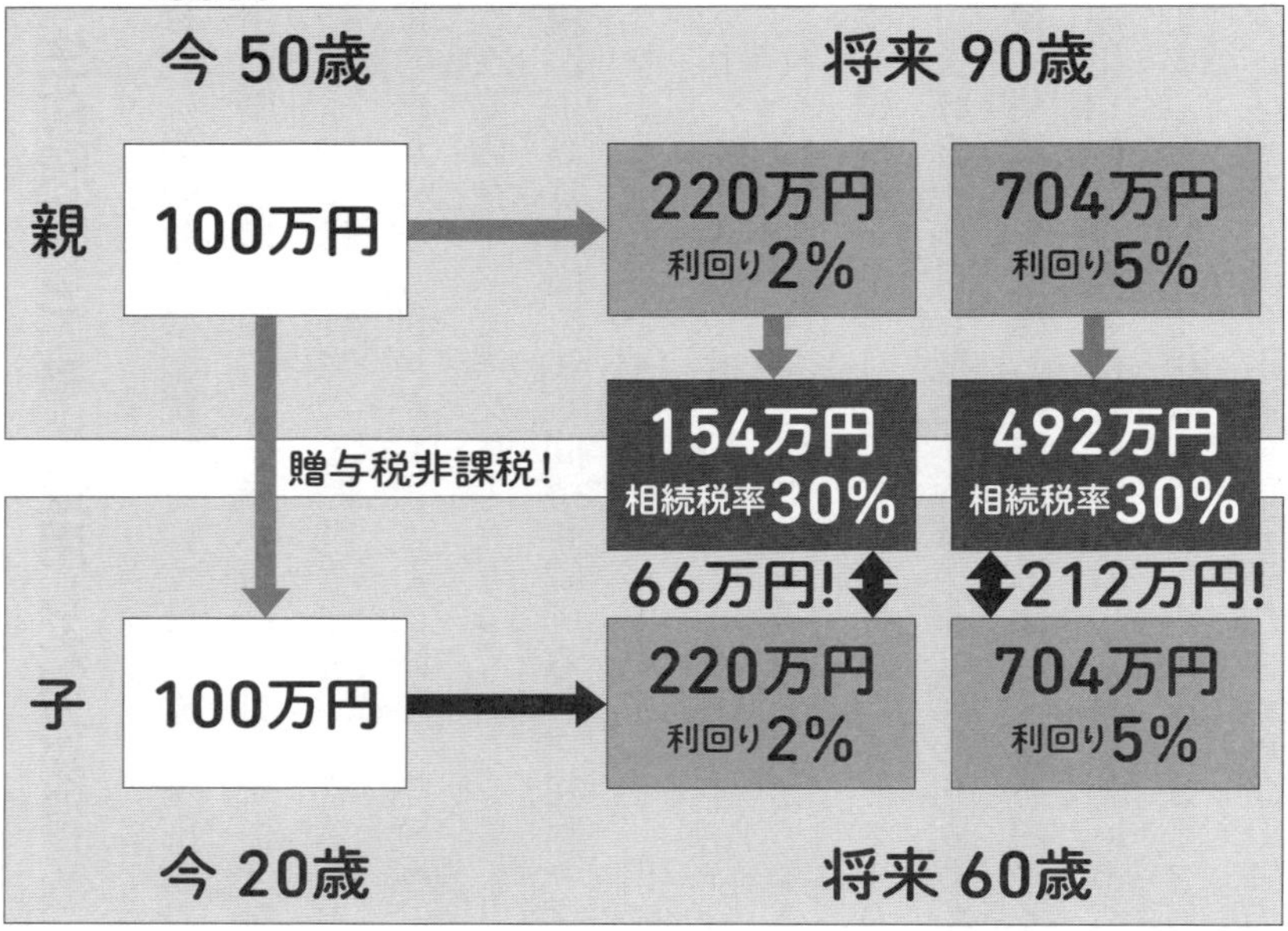

非課税で贈与できるのは年１１０万円までですが、贈与税を負担したとしても、生前贈与の効果があります。

たとえば３００万円を贈与すると贈与税は19万円かかり、子の実質的な受取額は２８１万円です。この２８１万円を子が２％で40年間運用すれば６２０万円。親が40年間運用して相続税がかかると受取額は４６３万円ですから、贈与税を負担したとしても、額が大きくなる前に受け取って子が運用した方がいいわけです。

ちなみに、**63ページの図のように子が20歳のときに３００万円を贈与し、子が年５％で運用すれば、**

■贈与税課税でも生前贈与!

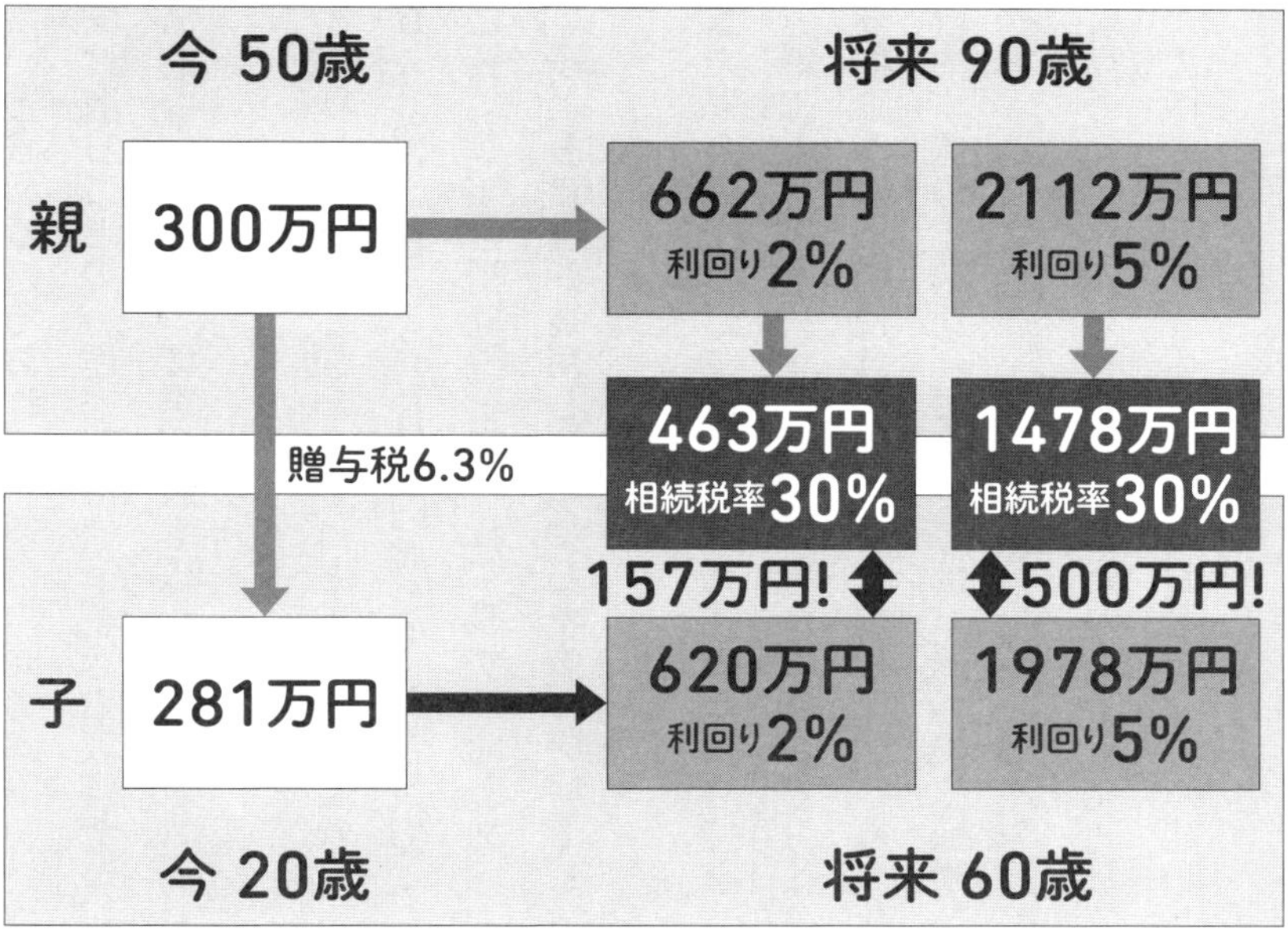

60歳のときには２０００万円近くになります。親が運用して相続で受け取るより、５００万円多く、それだけでかなりの老後資金が用意できてしまうわけです。

親から資産を引き継ぐにも、子へ資産を引き継ぐにも、相続だけでなく生前贈与という方法があり、メリットも大きいことを念頭におくといいでしょう。

▼老後資金を見通せばハッピーな資産の継承ができる

余裕があって子どもに資産を分

けたいと考えるのであれば、税金の面では早いに越したことはありません。子どもも、早く受け取ることで、住宅取得や子どもの教育費など、必要に応じて自由に使うことができ、経済的な余裕によって選択肢も広がります。

贈与税は贈与する額が多いほど税率が高くなりますが、300万円の贈与なら実効税率は6・3％で、毎年300万円渡しても同じ税率です。贈与税をあまりに嫌って贈与せず、死亡後に多額の相続税を取られて渡すのであれば、**贈与税がかかっても早めに子に移転して、子ども自身が運用して増やした方がいいでしょう**。

また贈与は子だけでなく、孫にすることもできます。親から子へ、子から孫へと資産を引き継ぐと、贈与税または相続税が2回かかりますが、孫に直接渡すことで、1世代分の贈与税または相続税はかからず、税の軽減にもつながります。資産にかなりゆとりがある場合や、孫の年齢などによっては、孫への生前贈与も検討してみるといいでしょう。

とはいえ、「老後にいくらかかるかわからないから先に贈与するのは怖い」と思う人も多いようです。その意味でも、老後のお金を見通して、どのくらいの余裕があるかを知ることが大切です。そうすることでお金を存分に活かせる、次世代も嬉しいというわけです。

第2章

60歳からの
支出を見通し、
お金を確保する

1 基本生活費や不定期の支出を整理

▼まずは基本生活費を把握する

老後資金を見通すためにまず知っておきたいのは、食費や光熱費などの基本生活費が年金で足りるかどうかです。支出がわからない場合は、手取り収入とその預金残高の増減から支出総額を確認しましょう。簡易的に把握するなら以下の計算式で計算できます。

年間支出＝２年前の年末の預金残高＋手取り収入－前年の年末の預金残高－預金以外の年間積立額（社内預金や財形貯蓄、持株会、ｉＤｅＣｏ、ＮＩＳＡ、貯蓄目的の保険など）

手取り収入は、給与所得者の方であれば源泉徴収票の「支払金額」から「社会保険料等の金額」「源泉徴収税額」を差し引き、別途、給与明細や住民税決定通知書から確認した年間

の住民税額を差し引くことで計算できます（給与明細で確認する場合は、記載された１カ月分の住民税額を12倍する）。

この式を使えば使い道はともかく、１年間でいくら使ったかはわかります。

ただし、キャッシュで車を買ったなど、特殊要因がある場合はそれも考慮し、通常の生活費を計算します。教育費があと３年で終わる、住宅ローンはあと10年など、支出は変化していきますが、ここではいずれ終わるものも含め、当面の支出を基準に考えます。教育費が終了したなど、大きな変化が生じた際には改めて見直しましょう。

ちなみに、家計簿をつけて費目別に支出を把握する必要はありません。しっかり貯蓄できている、黒字で何とかできているなら、無駄だと思うものを削る程度でよく、目くじらを立てて管理したり節約したりしなくてもいいと思います。

本格的に家計を改善しなければならない場合や支出を減らしたい場合は費目別の支出を確認します。その場合は、支出を入力すると費目別に集計したり、分析したりしてくれる家計簿アプリを使うなど、手間をかけない方法で行いましょう（時間もウェルスペントするために）。支出を見直すなら、住宅ローン（借り換えなど。後述）、保険（解約、減額など。後述）、通信費（スマホを格安ＳＩＭにする）など、一度見直せば先々の支出も減る固定費を優先的に見直すのが効果的です。次いで習い事やサブスクサービスへの支払いの見直し、といったところです。

▼その他の支出も押さえておく

毎月の食費や光熱費のほかに、家計によって異なりますが、年に数回かかるものがあります。車があれば年1回の自動車税、持ち家であれば固定資産税(年4回)、帰省費用などです。毎月ではないけれどシーズンごとにかかる衣服費なども把握します。

さらに車検費用は隔年、年に1回国内旅行、3年ごとに海外旅行、数年ごとの家電の買い換え、2年ごとの賃貸住宅の更新料などもイメージしておきます。

2 老後の住まいを考えておく

▼定年後の住まいをどうするかは大問題

老後をどう過ごしたいかによって住まいのあり方、かかる費用もかわってきます。

現在の自宅に住み続けるなら修繕やリフォームなどに一定の費用がかかります。高齢になると戸建てで暮らすのは大変なので、フラットなマンションに住み替える人もいます。仕事の制約がなくなればどこに住んでもよく、住み替え先は住み慣れた今の地域のほか、実家がある地域、あるいは実家に戻って親御さんと暮らす、憧れていた地方移住をする、などの選択肢もあります。住み替えるなら購入するのか賃貸にするのかも考えどころです。あるいは高齢者施設に入るという選択肢もあるでしょう。

今の住まいについても、売却するのか賃貸に出すのか、あるいは当面は残しておいていずれ相続するのかなども考える必要があります。売却では売却代金、賃貸では家賃収入が入り、次の住まいや高齢者施設の費用に充てることも可能です。

また自宅に住み続けたい場合で、老後資金に余裕がなく、将来、自宅を子世代に遺す必要がなければ、**自宅を担保に借り入れるリバースモーゲージや、自宅を売却してから借りて住み続けるリースバック**を利用して自宅に住み続け、得られた資金を老後の生活費として活用する方法もあります。

相談者の中にも、地方への移住に憧れて、何年もかけて複数の場所を検討し、ご夫婦とも気に入った場所に家を購入した方がいらっしゃいます。当面は賃貸に出して賃料収入を得て、５年後に移住する計画です。早くからご夫婦で話し合われ、移住を楽しみに仕事を頑張ることができているようで、理想的なウェルスペントの形といえます。

▼自宅に住み続けるなら、修繕費用もかかる

持ち家の場合には、修繕費用も必要です。一戸建てでは10〜20年ごとに外壁塗装や屋上防水などで数百万円かかるのが普通ですし、水回り設備や給湯機の交換も必要です。高齢期になるとバリアフリーや、ヒートショック対策なども必要になるかもしれません。

マンションでは長期修繕計画に基づいて修繕積立金が上がっていく可能性が高いです。さらにまとまったお金が急に発生するのは専有部分です。お風呂やキッチン、トイレなど水回りのリフォームのほか、給湯器やディスポーザーの交換など、高価な出費にも備えておく必要があります。

冷蔵庫や洗濯機、エアコンなども5〜10年おきに買い替えが発生します。15万円、30万円など、まとまった金額になります。

そうした費用は、現役時代にはボーナスでやりくりすることが多いと思いますが、リタイアして年金生活に入るとボーナスはありません。毎月の生活費はなんとかなってもこうした費用で赤字になるのが普通ですから、しっかり想定して準備しておきましょう。

3 住宅ローンの金利と完済時期を確認

▼金利上昇リスクはどの程度か、どう備えるか

定年後も住宅ローンの返済が続き、完済できるのは70代半ば、という人も少なくありません。30代後半で35年返済のローンを組めば70代以降も返済が続くことになるので、そう珍しいことでもないのです。

今後の返済はどうするかを考える前に、まず行いたいのが、ご自身が利用している金利タイプの確認です。

7～8割程度の方が利用しているのが、借入後も定期的に金利が見直される変動型です。金利が上がれば利息が増えますが、**多くの金融機関では金利は半年ごとに見直すものの、返済額は5年間変更しない「5年ルール」を採用しています**。金利が上がっても、前の見直しから5年間は返済額を変えず、返済額に占める利息と元金の割合を変えていきます。簡単にいうと、毎月10万円を返済し、3万円が利息、7万円が元金の返済に回っていたのに、金利が上がると利息が3・5万円に増えて、元金の返済に回る額が6・5万円に減るといっ

たイメージです。同じ額を返しているのに、ローン残高の減りが鈍くなるのです。

5年経過後に返済額が再計算されますが、**返済額が増える場合は、元の返済額の125%までに制限する「125%ルール」が多く採用されています**。25%も返済額が増えるのは大きいですが、金利の上昇幅が大きいと、返済額を上限まで増やしても利息が多くて残高がなかなか減らないということもありえます。


変動型を借りている人は、5年ルールや125%ルールが適用されるか、適用されないかを確認しておきましょう。

また金利が1%上がると返済額がどれくらい増えるかなどを、シミュレーションサイトや金融機関のサイトで試算してみることをおすすめします。ローンがどのくらい残っているかは、金融機関から送られている返済予定表の記載を参考にします。

ローンの残りが多いほど、残りの返済期間が長いほど、返済額への影響は大きくなります。**たとえばローンの残りが1000万円、残りの返済期間が10年で、金利が1%から2%に上昇した場合、返済月額は約4400円多くなります**。

金利が上昇していますので、返済額はある程度、増えることを想定しておくのが無難です。5年ルールや125%ルールがあるため、正確に試算するのは難しいですが、イメージをつかんでおきましょう。

▼借り換えの必要性はないか、効果はどうか

住宅ローンは家計の中で大きな割合を占めていますが、借りたときのままの状態で放置している人も少なくありません。金利水準が高い場合には、「借り換え」によって負担を減らす方法もあります。

借り換えとは、今より金利が低いローンを借りて、元のローンを完済することです。金利が低くなる分、返済負担を軽減できます。**返済中のローン金利が２％近ければ検討する価値がありますし、２％を超えているなら間違いなく借り換えた方がいいと思います。**

借入残高が１０００万円以上、返済期間の残りが10年以上、１％以上金利が低くなればメリットが得られるといった記事をみかけることがありますが、実際にはケースバイケースです。

たとえば残高が８００万円、金利２％。残りの返済期間が６年間だとします。毎月の返済額は11万８００３円で、今後の金利負担は約49万６０００円です。

これを０・75％に借り換えると、毎月の返済額は11万３６６４円になり、金利負担は約18・４万円へと、31万円程度軽減されます。

35歳のときに35年返済・金利2％で4000万円を借り入れ、毎月返済額が約13万2505円というケースでは、25年後のローン残高が約1440万円。今後の金利負担は約150万円です。これを0・5％に借り換えると、毎月の返済額は12万3055円、金利負担は約37万円となり、113万円近く削減できます。借り換え手数料が50万円程度なら、実質60万円ほどの効果が得られます。

重要なのは、借り換えのメリットがありそうなら早めに実践することです。なぜなら、収入の点から考えて、現役のうちでないと借り換えが難しいからです。

どの程度の効果があるかは手数料などのコストも含めて見極める必要があります。最新の残高、期間、金利差によって異なりますので、自身の場合はどうか、試算してみましょう。大手銀行のホームページなどで試算できます。

▼焦って繰り上げ返済する必要はない

前述のとおり、30代後半で35年ローンを組んで家を買い、70歳以降まで返済が続く人も珍しくありません。4000万～5000万円を借りていれば、60歳時点でもかなりまとまった額が残っているはずです。

一般的には65歳までに完済するのが望ましく、余裕のあるときに繰り上げ返済し、退職金で残りを一括返済するのがよいとされていますが、繰り上げ返済する必要も、返済を急ぐ必要もありません。

繰り上げ返済しなくていい理由の一つは、繰り上げ返済した分、金融資産が減ってしまうからです。50代や60代前半では子どもの教育費が残っている場合もあり、手元の資金が減るのは不安にならないでしょうか。

住宅ローンを完済すると団体信用生命保険（団信）がなくなってしまうのも、返済を急がなくていい理由です。団信とは債務者が死亡または高度障害になった場合に借入残高分の保険金が支払われて返済の必要がなくなる保険です。住宅ローンを借りる際には、団信に加入し、銀行ローンでは金利にその保険料が含まれています。団信により、万が一死亡した際には返済の必要なく、自宅が残ります。

仮に1000万円でローンを繰り上げ返済して完済し、その後、死亡すると、返済は残っていないものの手元資金が1000万円減った状態になりますが、繰り上げ返済をしなければ、1000万円を残したまま、団信によって返済も不要になるというわけです。

▼繰り上げ返済の利息軽減より、運用で増やす

繰り上げ返済では、先々の返済分を前倒しして返済することで金利負担が軽減される効

果があります。金利が高い場合には、その効果も大きいですが、現在は金利が低いため、繰り上げ返済による金利負担の軽減効果は限定的です。金利が高い場合を除けば、必ずしも返済を急ぐ必要はないでしょう。

さらに、繰り上げ返済で手元資金が減ると、投資に回せるお金が減ってしまいます。住宅ローンの金利が1%なら、繰り上げ返済で1%の金利負担が減ります。**しかし繰り上げ返済する資金を世界株インデックスファンドに投資すれば、長期的には5〜6%程度のリターンが期待できます**。繰り上げ返済してしまうと、その運用機会がなくなってしまうのです。

住宅ローンが残っていると不安とか、年金の中から返すのはしんどいという声もあります。しかし、給与でも、年金でも、預貯金でも、お金に色はなく、どこから返してもいいですし、年金生活に入る前に返さねばならないという考え方は合理的ではありません。繰り上げ返済は金利がカットされるので運用と同じ効果があるといわれます。しかし多くの場合、適用されている金利は低く、運用の方が有利と考えられます。手元資金は運用し、団体信用生命保険を確保しながら返済を続けていくのも選択肢といえます。

▼運用の不確実性はどう考える？

運用は不確実だけれど金利は確実にかかる、と考える方もいます。たしかに運用は不確実、借入金利はかかり続けます。投資経験がある方は世界株インデックスファンドで年5〜6％程度が期待できるということは納得しやすいと思いますが、リスクが気になるのであれば、繰り上げ返済を検討してもいいでしょう。

あるいは、金利が0・8％程度なら、繰り上げ返済を急がず、個人向け国債の変動10（後述）など、住宅ローンと同水準の利回りが期待できるもので資金を運用する方法もあります。そうすれば、手元資金をキープしながら団体信用生命保険を維持することができます。

4 教育費はいつまで、どこまで出すか

▼子どもの教育費は費用対効果が高い？

教育費を聖域と考え、最優先にする人は少なくありませんが、教育費をかけ過ぎれば老

後資金が不足するなど、教育費と老後資金は綱引きの関係にあります。

一方で、学歴は収入に直結するというデータもあります（労働政策研究・研修機構「ユースフル労働統計2024」）。

男性の場合、高校卒業の方では定年までの給料が約2億880万円、退職金が約1440万円、定年後の収入が約4290万円で、生涯賃金は約2億6610万円です。**大学卒業の方では、定年までの給料が約2億5150万円、退職金が約1840万円、定年後の収入が約5740万円で、生涯賃金は約3億2730万円と、約6120万円多くなります**。大学院卒の生涯賃金は約4億1090万円です。

女性も同じ傾向で、高校卒業では生涯賃金が約1億9430万円、大学卒業では約2億5650万円、大学院卒で約3億2790万円です。

生涯賃金が数千万円跳ね上がるのであれば、教育費が数百万円多くかかっても大学や大学院への進学は費用対効果が高く、子どもにやる気があるなら教育費は意味のあるお金といえそうです。稼ぎが増えれば、将来、子どもの経済面を心配せずに済みますし、あるいは子からの仕送りが期待できる可能性もゼロではないでしょう。

とはいえ、高学歴イコール高収入というわけではありませんし、早くから社会に出て、あとで学び直すなどの道もあります。老後資金に支障をきたさないことが重要であり、奨学金を利用して、あとで子ども自身が働きながら返すという選択肢もあるでしょう。

▼教育費で無理をすると老後資金に影響

定年後もお子さんが独立していない場合には、教育費についても考えておく必要があります。子が留学や大学院への進学を希望する場合に親はどこまで出すかも考えどころです。大学４年卒業とは限らず、理系では修士、博士まで進む人も多いですし、海外の大学に進みたいなどのケースもあります。どこまで出すかは状況によりますが、大学４年までを親の責任として、それ以外は出さないなどの考え方もあるでしょう。

最近は学生の２人に１人ほどが奨学金を利用していますが、これも賢いお金の回し方といえるでしょう。なんとか親の力で……と無理した結果、老後資金が足りない状態になると、逆に子どもに負担をかけてしまう可能性があるからです。

奨学金も借金であることに変わりありませんが、日本学生支援機構の奨学金など金利がつかない制度や金利が低いものもあり、一般的な消費者ローンやキャッシングなどに比べれば相当有利に借りることができます。

無理して親が出して、最終的には借金するより、念のために奨学金を借りておく、借りる額に余裕を持たせておくのも手です。使わずに済んだ分は早めに返済することで、利息が膨らまずに済みます。

5 生命保険はまだ必要か見極める

▼経済的に困る人がいなければ生命保険は不要

多くの方は生命保険に加入しています。加入している保険をやめることはあまり考えないと思いますが、実は、払わなくていい保険料を払い続けている可能性もゼロではありません。今後もその保険が必要か、保険料を払い続けるべきかを考えてみましょう。

被保険者が死亡したり、高度障害に陥ったりすると保険金が支払われる生命保険は、そういった状況になった際に経済的に困る人がいる場合に必要な保険です。

基本的にお子さんが社会人になるまでの期間は保障の必要性が高いと考えられるほか、配偶者が専業主婦、専業主夫の場合なども、死亡保障の必要性が高い可能性があります。

その方の勤労収入にどれぐらい依存しているかによるので、共働きで子どもはいない、あるいはすでに子が独立していて十分な資産がある場合などでは、死亡保障の必要性は低いでしょう。

子どもが独立すれば配偶者の生活費だけになりますし、持ち家の人で死亡した人が住宅ローンを組んでいた場合は団体信用生命保険で返済が不要となり、住居費は固定資産税や、マンションであれば加えて管理費、修繕積立金などだけになります。

▼公的年金からは遺族年金が支給される

経済的に困る人がいる場合も、すでに得ている保障を把握したうえで、生命保険の必要性を考えることが大切です。民間の生命保険以外にもさまざまな保障があるからです。

まず挙げられるのが、**「遺族年金」**です。

遺族年金が受け取れるか否か、またその中身は会社員か自営業か、子どもがいるか、配偶者の収入がどの程度かにより異なります。たとえば、60歳で子どもが18歳を超えている妻は、死亡した夫(会社員)の生前の収入に応じた遺族厚生年金などが受け取れます。加えて18歳未満の子どもがいれば子どもの人数に応じた遺族基礎年金が上乗せされます。子どもも一人なら年額約105万円です(2025年度価額)。

65歳以降は、夫の方が収入水準が高かったとすると、夫が受け取るはずだった老齢厚生年金の4分の3が遺族厚生年金となり、次のAまたはBのいずれか多いほうになります。たとえば、夫が受け取るはずだった老齢厚生年金の報酬比例部分が80万円、妻の老齢厚生年金が50万円だった場合は次のようになります。

A：夫が受け取るはずだった老齢厚生年金の4分の3　……80万円×¾＝60万円

B：Aの3分の2と、妻の老齢厚生年金の2分の1を足した額　……60万円×⅔＋50万円×½＝65万円

Bの方が多いので、妻が受け取れる年金は、65万円＋自身の老齢基礎年金

なお、遺族年金は非課税です。少し複雑ですが、実際に支給される額は、妻の老齢厚生年金の総額から残った分が遺族厚生年金という扱いになり、その部分が非課税になります。前述の例で厚生年金部分は遺族年金を含めて65万円ですが、妻の本来の厚生年金が50万円なので、65万円－50万円で15万円が遺族厚生年金として非課税収入になります。

またA、Bより自身の老齢厚生年金が多い場合、遺族厚生年金は受け取れません。

そのほか、働いている間に亡くなると勤務先から死亡退職金、弔慰金、子どもがいれば遺児育英年金が支払われることもありますし、手元資産も使うことができます。

▼解約するか、減額、払い済みで保険料を減らせる

生命保険の保障が大きすぎる場合は、保障額の減額を検討しましょう。あるいは、「払い済み」という形にして、一定の保障を残し、保険料の新規の支払いをやめる方法もあります。

保障がいらないのであれば、解約を検討します。

死亡保障には一定の期間だけ保障される定期保険と、一生涯保障が続く終身保険があります。定期保険は掛け捨てですが、**終身保険は死亡時に保険金を受け取る以外に、解約して老後資金にするなどの使い方もできます**。加入時期によっては、予定利率が3～5％程度など、貯蓄性が高い場合もありますから、その場合は貯蓄のつもりで保険料の支払いを続けるのも選択肢になります。

なお、今後も保障が必要で、保険を継続する場合は、今後の保険料も確認しておきましょう。更新型というタイプでは途中で保険料が上がります。また、保険料が割安な収入保障保険というタイプも検討しましょう。

6 民間医療保険の必要性は低い

▼引退後は配偶者や子の健康保険に入れてもらう手も

まずは、公的医療保険制度について押さえておきましょう。

会社員の方は健康保険に加入していますが、退職後は、一般的に前職の健康保険を任意で継続(最長2年)するか、お住まいの自治体の国民健康保険に加入します。いずれも保険料は全額自己負担です。

配偶者が現役の会社員または同居する子どもが会社員の場合には、家族の被扶養者として加入している健康保険に入れてもらうこともできます。

「妻(夫)や子どもの扶養に入るなんてメンツが立たない」と話す方もいますが、せっかくの権利ですし、リタイアして収入がなくなった状況で保険料を払うより、保険料負担なしで被扶養者になった方が断然お得です。

75歳からは居住する都道府県の後期高齢者医療制度に加入します。会社を退職したあとの国民健康保険や、75歳からの後期高齢者医療制度の保険料は、公的年金から天引きされます(公的年金が一定額以下の場合は天引きされず、別途納付)。

▼医療費の自己負担は限定的で、医療保険の必要性は低い

公的医療保険にはかなり手厚い保障があります。69歳までは3割負担、70歳から74歳までは一般低所得者では2割負担、現役並み所得者では3割負担が基本です。75歳以上は後期高齢者医療制度となり、医療費は通常は1割負担、ある程度の所得があると2割負担、現役並みの所得がある世帯は3割負担になります。

厚生労働省(令和3年度　医療保険に関する基礎資料)によると、85歳以上の人の医療費は年100万円を超えていますが、自己負担は年平均9万円以下です。**継続的に毎年9万円かかったとしても保険で備える必要性は低そうです**。

入院期間も短期化しており、全体の平均入院日数は現役世代で約9日、75歳以上は約18日です。疾病別では、現役世代、75歳以上とも最も長いのは精神及び行動の障害で、現役世代では約23日、75歳以上では約28日です(厚生労働省「2021年度医療給付実態調査」)。

入院した場合に入院給付金が支払われる民間の医療保険に入っても、日額1万円なら10日入院しても10万円で、多くの場合、通院では保険金は受け取れません。そのために長期間で保険料を払う必要があるかを考えると、基本的に医療保険の必要性は低いでしょう。

▼高額療養費制度で1カ月の医療費の自己負担には上限がある

さらに知っておきたいのが、「高額療養費制度」です。

入院や手術などで医療費がかなりの額にのぼっても困らないよう、1カ月の自己負担分に上限を設けた制度です。

上限額は年齢や所得によって異なり、87ページの図のようになっています。

たとえば1カ月の医療費が100万円の場合、3割負担であれば30万円ですが、高額療養費制度があるため実際にはさらに低い額で済みます。69歳までで一般的な所得の人では月9万円程度です。

70歳以上ではさらに自己負担額が抑えられており、一般Iの所得区分では、外来なら月額1万8000円、入院したとしても月額5万7600円(外来+入院。世帯ごと)です。

また1年間に4回以上、高額療養費に該当した場合、4回目からは自己負担額がさらに低くなる「多数回該当」もあります。たとえば69歳以下で一般的な所得の人や70歳以上で所

■69歳以下の方の自己負担限度額

旧ただし書き所得：前年の総所得金額と山林所得、株式の配当所得、土地・建物等の譲渡所得金額などの合計から住民税の基礎控除額を除いた額

区分 （月収（標報）：会社員や公務員など） （旧ただし書き所得：自営業者など）		自己負担限度額 （月額）	多数回該当の場合の 自己負担限度額 （4ヶ月目以降）
年収 約1160万円～	**健保**： 月収（標報）83万円以上 **国保**：旧ただし書き所得 901万円超	**252,600円+ （医療費－842,000円）×1%**	**140,100円**
年収 約770万円 ～約1160万円	**健保**： 月収（標報）53～79万円 **国保**：旧ただし書き所得 600万円～901万円	**167,400,600円+ （医療費－558,000円）×1%**	**93,000円**
年収 約370万円 ～約770万円	**健保**： 月収（標報）28～50万円 **国保**：旧ただし書き所得 210万円～600万円	**80,100円+ （医療費－267,000円）×1%**	**44,400円**
年収 ～約370万円	**健保**： 月収（標報）26万円以下 **国保**：旧ただし書き所得 210万円以	**57,600円**	**44,400円**
	住民税非課税者 （低所得世帯）	**35,400円**	**24,600円**

出所：厚生労働省「高額療養費制度を利用される皆さまへ（平成30年8月診療分から）」

■70歳以上の方の自己負担限度額（以下は後期高齢者医療制度の場合）

負担割合	所得区分		外来 （個人ごと）	外来+入院 （世帯ごと）
3割	課税所得 690万円以上		**252,600円+（医療費－842,000円）×1%** （多数回該当：140,100円）	
	課税所得 380万円以上		**167,400円+（医療費－558,000円）×1%** （多数回該当：93,000円）	
	課税所得 145万円以上		**80,100円+（医療費－267,000円）×1%** （多数回該当：44,400円）	
2割	一般II※		**6,000 円+ （医療費－30,000円）**×10% または **18,000円**のいずれか低い方 （年間上限 144,000 円）	**57,600円** （多数回該当：44,400円）
1割	一般I		**18,000円** （年間上限 144,000円）	**57,600円** （多数回該当：44,400円）
	住民税 非課税等	II	**8,000円**	**24,600円**
		I		**15,000円**

※2025年9月30日まで配慮措置あり

出所：東京都後期高齢者医療広域連合ホームページ「いきいきネット」

得区分が一般Ⅰ、一般Ⅱの人では4回目からは4万4000円が自己負担額の上限となります。

治療が長引く可能性がある疾患でない限り、高額療養費制度によって医療費の自己負担はかなり抑えられますので、手元資金で賄うことも可能でしょう。

医療保険で月3000円の保険料を払えば10年で36万円かかります。それよりは保険料を払ったつもりで一定の額を医療費の備えとしてキープしておくのも合理的です。

私も趣味の自転車で転んで膝蓋骨《しつがいこつ》を割ったことがありますが、高額療養費制度により、医療費は一定の範囲で収まりました。

その際、医療保険に入っていた場合と、医療保険には入らず、世界株インデックスファンドに積み立て投資した場合について試算してみました。結果論になりますが、一般的な医療保険に加入していた場合、受け取れたのは入院給付金の7万5000円だけで、保険料を払うより運用していた方が圧倒的に有利でした。

▼先進医療特約だけのために医療保険に入るのはムダ

陽子線治療、重粒子線治療など、1回数百万円かかる「先進医療」があります。高度な医療技術を用いたもので、もしものときには治療を受けたい、高額な治療費が払えるように保険に入っておきたいと考える人もいます。

ただし、**先進医療は実証実験中の治療方法で、効果が科学的に証明されているわけではありません**し、保険給付の対象とすべきものであるか否か評価する必要がある療法です。

また、陽子線治療や重粒子線治療でも部位によっては有効であることが確認され保険が適用されたものもあります。たとえばキムリアという1回数千万円かかっていた白血病薬は、２０１９年に保険適用となっています。科学的に効果が証明されれば標準治療(科学的根拠に基づき、現在利用できる最良の治療であることが示された治療)となり、３割負担などで治療が受けられ、高額療養費制度の対象にもなるのです。

医療保険には先進医療を受けた場合の高額な治療費がカバーできるものや、特約として付加できるものもあり、医療保険は必要ないと思いながら先進医療をカバーするためだけに医療保険に加入している人もいます。先進医療特約の保険料は１００円程度で、それを払うために、必要性の低い医療保険に毎月数千円払うのは合理的とはいえません。

科学的に効果があるとされる標準治療のみで治療すると割り切ることができるなら先進医療特約は必要ありません。

どうしても先進医療の保障を得ておきたい場合は、先進医療特約が付加されている、あるいは付加できる医療保険から、できる限り低価格なものを選ぶのがよいでしょう。

7 介護費用の目安と公的介護保険を知る

▼いずれ必要になる介護費用はいくら？

60歳を迎えると、自分や配偶者の介護費用がどのくらいかかるのかも気になります。厚生労働省等によると、要支援、要介護になるのは、80代前半で4人に1人、80代後半では2人に1人です。90歳以上になると、3人に1人が要介護3以上となっています。

要介護になるおもな原因は、認知症、脳卒中、骨折・転倒、衰弱、関節疾患です。40〜64歳で初老期認知症、脳血管疾患など加齢に伴う病気で要介護状態になった場合、65歳以上では原因を問わず要介護状態になった場合に、公的介護保険が利用できます。在宅サービス（訪問介護など）、地域密着型サービス（デイサービスなど）、施設サービス（特別養護老人ホームなど）が利用でき、利用料は原則1割、所得が高い場合は2〜3割です。

要支援度、要介護度に応じて、利用できるサービスの内容や上限が決まっています(上限を超える分は全額自己負担)。

生命保険文化センターの調査(令和６年度)では、平均介護期間が４年７カ月、一時的費用が47万円、月額費用が９・０万円で、単純計算すると５４２万円となり、５００万～６００万円程度が平均像といえそうです。

夫婦で２人分なら保守的に考えれば１２００万円ですが、もう少し低めにみて９００万円程度を目安にするのもありでしょう。

特別養護老人ホームや有料老人ホーム、ケアハウス、グループホームなど、高齢者施設に入居するなら別途、費用を見積もっておく必要があります。

▼高額介護サービス費制度で介護保険サービスの利用料にも上限

介護費用にも負担を軽減する制度があります。

「高額介護サービス費」は、１カ月の介護保険サービスの利用料(自己負担分)の合計が一定の上限額を超えた場合に支給されるものです。対象は保険給付のみで、施設サービスなどの食費や部屋代、特定福祉用具購入などは、対象外です。

世帯の全員が住民税を課税されていない方では世帯で2万4600円、現役並み所得者Ⅰ(住民税課税世帯で課税所得が380万円未満に相当する方がいる世帯の方)では4万4400円などです。

▼「高額医療・高額介護合算療養費制度」とは

高齢になると、医療費と介護費の両方がかかることもあります。夫は医療費、妻は介護費がかかるなどのケースもあるでしょう。

医療費と介護費の1年間の合計が一定額を超えた場合は、「高額医療・高額介護合算療養費制度」により、給付が受けられます。

たとえば**夫婦とも75歳以上(住民税非課税・夫婦で年金収入211万円以下)で、夫が病気で入院、妻が介護サービスを受け、2人で年間60万円を支払った場合、自己負担限度額は31万円で、限度額を超過した29万円が支給されます**。

自己負担限度額は世帯を構成する人の年齢や加入する健康保険などによって異なり、一般的な所得の世帯では、75歳以上で後期高齢者医療制度+介護保険では56万円、70歳から74歳がいる世帯では56万円、70歳未満がいる世帯では60万円などとなっています。

▼介護離職はするのも、させるのも避けるのが望ましい

ご自身の介護の前に、親御さんの介護が気になる方も多いでしょう。

親の介護が必要になり、仕事を辞めて介護に専念する介護離職をする人もいますが、基本的に、介護離職はしない方がいいと考えられます。**収入が途絶えますし、会社員でなくなると厚生年金から国民年金にかわり、年金額にも影響します**。介護にはどれくらいの期間を要するかわからず、年齢的に復職が難しくなることも考えられます。

また親を大切にしたいという思いが強いほど、親が弱っていくことに耐えられず、つらくあたってしまうケースもあります。私自身は自分の子に介護してもらいたいとは思いませんし、子には子の人生があり、私には私の人生があると思っています。介護施設への入所を検討する、自宅介護でも実務はプロにお願いするなど、家族は体制を整えたり、精神的な支えに回ったりして、実務はプロに委ねるのが望ましいと個人的には思っています。

累計93日まで仕事を休める「介護休業」や、年5日まで休める「介護休暇」もあります。そんな短い期間ではどうにもならないと考える人もいますが、介護休業や介護休暇は、実際に介護するための制度ではなく、介護保険サービスを利用するための手続きをしたり、介護計画について検討したりするために使うというのが、制度の趣旨です。

■高齢期におけるお金の面でのリスクは？

リスクの種類	対処方法
長生きリスク	●できるだけ長く働いて稼ぐ（健康寿命も長くする） ●公的年金保険を繰り下げて対応 ●資産運用を行い、お金の寿命を長くする
インフレリスク	●円建て預金のみではなく、外貨建て資産（株式等を対象とした投資信託）に分散して保有
医療費・介護費リスク	●日頃から健康に意識して行動する ●公的保障をきちんと理解した上で、一定の備えを
使いすぎリスク	●適切な家計管理を ●定期的にライフプランシミュレーションを行って見える化 ●資産の活用（リバースモーゲージなど）

介護が必要になった際はもちろんですが、日常生活に支障や不安が生じた際には、市区町村の窓口や「地域包括支援センター」に相談し、支援や介護を受けるために必要な要介護認定を申請しましょう。

兄弟姉妹がいれば連携することも大切で、長男だから、子どもが独立したから、近くに住んでいるからなど、特定の人に大きな負担がかかるのは避けたいところです。

ご自身のためにも、そして親御さんのためにも、それぞれの時間を大切にすることも重要だと思います。

8 お金の状況を整理して夫婦で共有する

▼支出の変化を年単位で把握しておこう

現役時代とは異なり、定年後以降の収入、支出には大きな変化があります。たとえば夫60歳で退職金を受け取り、65歳から公的年金の受給がスタートしたかと思えば、夫67歳、妻65歳からは妻の公的年金が加わる。ほかに夫65歳から10年間は個人年金保険受給も始まる、などです。支出も同様で、夫63歳で教育費が終了、67歳で住宅ローンが終了など、変化していきます。

収入、支出の変化を見通しておくと、老後資金の手当てがしやすくなるし、どれくらいを貯蓄し、どれくらいを投資していいかが判断しやすくなります。まずは、ざっくりでいいので、収入と支出について整理していきましょう。

車検や、賃貸の更新料、火災保険など、数年ごとの支出は、毎年の支出にならして（2年に1回なら、その半額を1年分の支出とする）組み込んでおくといいでしょう。

98〜99ページの図のような形で書き出せば、収入、支出の波、また年間でいくら不足するかが見えてきます。**読者の皆さんのためにサポートコンテンツとして書込み式のシートを用意しましたので、活用してください（２３１ページ参照）**。

▼金融資産の棚卸しをして、バランスシートを作る

前述のとおり、老後資金は、守っていくお金と、増やしながら使うお金に分けて管理、運用していきます。そのためにも、金融資産がどのくらいあるか把握する必要があります。預貯金はもちろん、勤務先の社内預金や財形貯蓄、持株会なども確認します。証券口座があれば、その残高も調べましょう。貯蓄性のある保険に加入している場合は、今解約した場合の解約返戻金が現時点の金額となります。

資産の棚卸しをして作成したいのが、金融資産以外の資産も含めたバランスシートです。**バランスシートとは、左に資産、右に負債を書き込み、純資産（＝資産－負債）がどのくらいあるかを把握するものです**（１００ページ参照）。

負債には、住宅ローンや自動車ローン、教育ローン、そのほか、キャッシングなどが挙げられます。住宅ローンの残高は、金融機関から送られてくる返済予定表でわかります。金利や返済期間の残り（完済するのは何歳のときか）も把握します。

資産として書き込むのは、預貯金や投資信託、株式などのほか、保険の満期金や個人年金保険などの金融資産、退職金や企業年金(確定給付企業年金、確定拠出年金など)、小規模企業共済のほか、不動産や自動車などです。自宅が持ち家であれば、売却したらいくらぐらいになりそうか、おおまかな目安を調べます。不動産ポータルサイトなどで、最寄り駅、最寄り駅からの所要時間、広さ、築年数が同程度の物件が、いくらくらいで売り出されているかを確認しましょう。

バランスシートを作成することで、金融資産や実物資産など資産の全容が見える化できますし、資産から負債を引いた純資産がどの程度あるかがわかります。「住宅ローンが残っているけれど、資産として自宅があるので、トータルでバランスがとれている」などの発見もあるでしょう。

▼夫婦でお金の状況を共有する

財布は完全に妻が握っている、夫の収入を妻は知らないなど、ご夫婦でお金について共有していないケースがありますが、望ましい状態とはいえません。資産がいくらあるのか、どんな保険に加入しているのか、できる限りガラス張りにすることが大事です。

67歳	68歳	69歳	70歳	71歳	72歳	73歳	74歳	75歳
240	240	240	240	240	240	240	240	240
36	36	36	36	36	36	36	36	
276	276	276	276	276	276	276	276	240

67歳	68歳	69歳	70歳	71歳	72歳	73歳	74歳	75歳
210	210	210	210	210	210	210	210	210
60	60	60	60	60	60	60	60	60
150	150	150						
420	420	420	270	270	270	270	270	270

介護費用や
自宅の修繕費などは
別に考える

住宅ローン完済で支出が減る

▲144	▲144	▲144	6	6	6	6	6	▲30

■収入と支出の推移を見通す

収入（万円）	60歳	61歳	62歳	63歳	64歳	65歳	66歳
給与	300	300	300	300	300	65歳でリタイア	
公的年金			公的年金の受給開始			240	240
退職一時金	1500						
企業年金			企業年金（10年間）			36	36
iDeCo							
個人年金							
その他							
1年間の合計	1800	300	300	300	300	276	276

支出（万円）	60歳	61歳	62歳	63歳	64歳	65歳	66歳
基本生活費	240	240	240	240	240	210	210
特別生活費	60	60	60	60	60	60	60
教育費	200						
住宅ローン	150	150	150	150	150	150	150
その他							
1年間の合計	650	450	450	450	450	420	420

教育費が終わると支出が減る

1年間の収支	1,150	▲150	▲150	▲150	▲150	▲144	▲144

■資産残高一覧表（バランスシート）を作りましょう！（記入例）

資産（金融資産、不動産……） **5,000万円**	**負債**（ローン、クレカ利用残高……） **2,500万円**
ふだん使うお金（日常生活費） 銀行 普通預金45万円	**クレジットカード利用残高** なし
とっておくお金（生活防衛資金） 銀行 定期預金360万円	**住宅ローン** 銀行 2,500万円
もうすぐ使うお金（ライフイベント準備金） 特になし	**自動車ローン** なし
老後に使うお金（老後に向けた運用資産） 安全資産 個人向け国債80万円 運用資産 投資信託15万円 退職金 1200万円（見込み、60歳） 企業型確定拠出年金（DC） 200万円 個人型確定拠出年金（iDeCo） 100万円	**教育ローン** なし **奨学金** なし **その他借入** なし
生命保険契約 解約返戻金（終身死亡） 200万円	
不動産 自宅マンション 2,800万円	
その他（換金できそうな資産） なし	**純資産 ＝ 2,500万円**

Dさん夫婦は、共働きで、夫は生活が派手、妻はごく標準的な金銭感覚をお持ちです。

お子さんは2人で、次女がそろそろ大学卒業です。夫婦で生活費を出し合い、それ以外は各自が管理していますが、奥さんには数千万円の金融資産があり、旦那さんにはほとんどないことが見込まれます。実は奥さんは離婚を考えているのですが、離婚すれば財産分与しなければならず、それが惜しくて家庭内別居になりそうな気配……。

このようなことでは、資産があってもストレスが溜まる一方です。

ファイナンシャル・ウェルビー

イングとはいえませんし、ウェルスペントも実現しにくいでしょう。

夫婦でお金の情報を共有していないと、老後資金が足りるのか、どれくらい使っていいのか見当もつきません。お互いに、「相手がしっかり貯めてくれている」と思い込んでいたものの、ほとんど貯まっていない、というケースも少なくありません。

反対に、夫は「お金に余裕はない。住宅ローンも残っているし、70歳までは働かなければ」と思っているものの、実際には65歳でリタイアできる、というケースもあります。**実は大丈夫なのにつねに不安、というのでは、まったくウェルビーイングではありません**。妻はウェルビーイングだけど夫はノット・ウェルビーイングではなく、ファミリー・ウェルビーイングであることが重要です。

どのような老後を過ごすかを話し合うためにも、お金の情報が欠かせません。パートナーに任せきりの人は、すぐに改善しましょう。

9 大切！ ライフプランを考える

▼どう生きたいか。ライフプランを立てよう

老後をどのように過ごしたいかによっても、収入や支出が変わってきます。どのように暮らしていくか、希望のライフプランを考えていきましょう。

リタイア後の生活について計画することを、「リタイアメントプランニング」といいます。

１０３ページの図は、リタイアメントプランニングの全体像を表したものです。

まず、リタイアメントプランニングの土台となるのは、「お金」と「健康」です。そのうえで、生きがいとして、**「仕事」「個人」「家族」「居場所」**を整理していきます。

お金はまさに本書のテーマですが、単にたくさんあればよいというものでもなく、年金収入、生活費、資産残高などを把握できているか、見通せているかが重要です。

健康は、食生活に気をつけながら適度に運動し、しっかり睡眠を取りながら、きちんとストレス発散していくことが大切です。健康診断や人間ドックなどでチェックをしつつ、

■リタイアメントプランニング

生きがい（個人、家族、仕事）は、健康とお金という基盤に支えられています

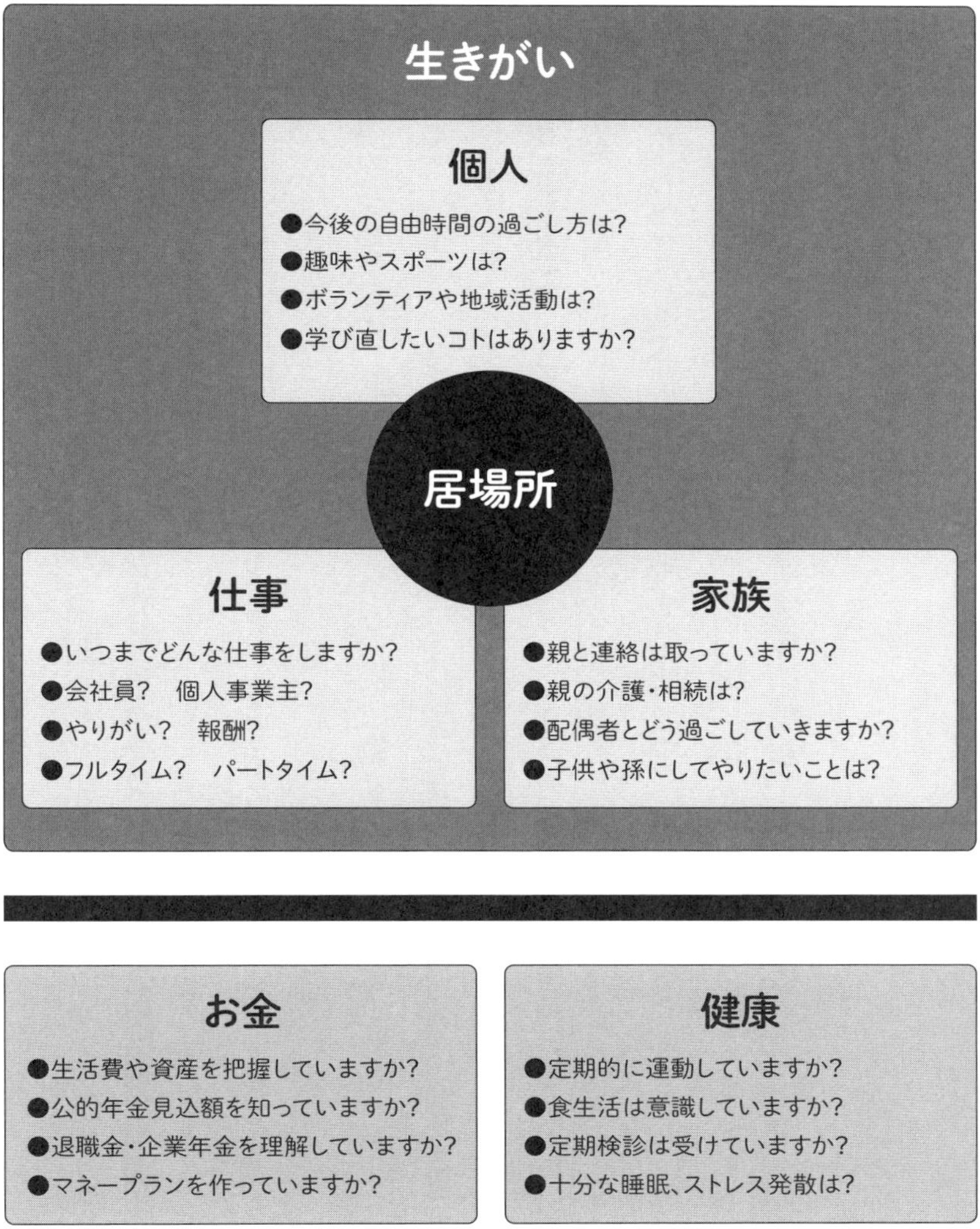

意識して健康寿命を延ばしていくとよいでしょう。

これらの土台の上に、生きがいとしてどんな活動をしていくか、プランニングします。個人では、趣味のスポーツに本格的に取り組む、ボランティアや町内会の活動に参加する、学び直しなどが考えられます。

家族については、親の介護や相続対策、金婚式、子どもの独立・結婚、孫の誕生などもあるでしょう。

仕事は、経済的な必要性にもよりますが、やりがい、働きがいを求めて、新しいキャリアに挑戦していくのもいいですし、必ずしもフルタイムで働く必要はないかもしれません。そういった機会を探るべく、**大きな負担のない範囲で、50代のうちから副業や兼業をはじめておくのもおすすめです**。いつまで働くか、どのくらいのペースで働き続けるか、検討してみましょう。

どんな活動をしていくかに加えて、「居場所」も大切です。もちろんご自宅は一つの居場所ですが、定期的な趣味やスポーツでの仲間との交流、地元の行きつけのカフェ、町内会の集まりなど、自宅以外で落ち着ける「居場所」を作っておくのがおすすめです。

▼働く意欲とお金の面からライフプランをかためる

まず整理しておきたいのが、いつまで働くか、どのように働くかです。

生活のために働く人もいますし、収入より生きがいのために働く人もいるでしょう。収入が多ければ多いほどいいと考えるのではなく、いつまで、どのくらいの収入を得ればいいかのイメージを持つことで、ストレスのない働き方に近づくことができます。

たとえば「60歳で定年退職して、そのままリタイアしたいが、公的年金を65歳から受け取るとしたら、65歳までの生活費で手元資金を大きく減らすことになる。だから65歳までは働く。ただし働くのは週3日程度にして、65歳で完全にリタイアする」。そのように、PDCAサイクル（計画・実行・評価・改善のステップを繰り返すこと）を回すようにして、ライフプランをかためていきます（231ページのサポートコンテンツをご活用ください）。

また働くつもりだったが体調を崩して働けない、思っていたより相続財産が多かったなど、状況はいろいろと変化します。そこで、できれば年に1回はライフプランをアップデートすることが重要です。そうすることで、「状況が変わったけれど大丈夫だろうか」などの不安を抱えることなく、ウェルビーイングの状態を保ちやすくなります。お金を有効に使うことができ、ウェルスペントも実現しやすくなるでしょう。

大谷翔平選手のマンダラチャートではありませんが、最初に決めたライフプランを死守するのではなく、時代や状況の変化に応じて柔軟に対応していくことが大切です。

▼制度や損得より「どう生きたいか」

一般的に老後資金についての話では、いつまで働くのが得か、年金はどう受け取るのが得か、などが語られがちです。しかし、大切なのはどう生きたいかであり、制度やお金に左右されて生き方を決めるのは、本末転倒ではないでしょうか。お得な方、お得な方を選択したものの、自分は結局何がやりたかったのか、ということになりかねず、それは幸せなことだとは思えません。あくまで自分なりの生き方、ライフプランを決め、そのうえで、制度をいかに使いこなすかを考えるべきでしょう。

さらにいえば、お金を持っているから幸せなのではなく、選択肢が広いことが幸せなのです。人生の選択肢を増やしお金の不安なく生きる。そのための投資をみていきましょう。

第3章

なぜ
60歳から
投資が必要か

1 インフレ時代には投資が欠かせない

▼投資しないとインフレで購買力が下がる

50代、60代で投資をはじめるのは遅すぎると思われる方もいます。しかし、人生100年時代、80代、90代まで生きる可能性が高いことを考えると、十分な時間があります。手元のお金を全額投資に回すようなことは避けるべきですし、数年以内に使う可能性があるお金は投資すべきではありませんが、10年後、20年後といった先々に使う予定のお金を投資商品で運用していくことは、重要な選択肢になります。

むしろ、50代、60代こそ、投資が必要です。

投資が必要な理由の一つは、インフレリスクからお金を守るためです。

インフレには、大きく分けて**「短期的なインフレ」**と**「長期的なインフレ」**があります。

短期的なインフレは、為替が円安に進み、食品や原油などの輸入価格の上昇が契機となって起こるものです。たとえば原油価格が上がればガソリン価格が上がりますし、ガソリン価格が上がれば物流コストや光熱費が上昇し、モノの値段が上がる＝お金の価値が下がるインフレになります。

一方、経済が成長し、賃金が上がっていく過程で起きるのが、長期的なインフレです。日本銀行は持続的な経済成長の中で２％のインフレになることを金融政策の目標としています。**日本の過去20年は異常であり、通常の経済下において２～３％程度のインフレになることは決して特別なことではありません**。

１１０ページの図は、横軸に経過年数、縦軸に購買力をとり、インフレによって購買力がどの程度下がっていくかを表したものです。

たとえば１００万円持っていたら１個１万円のものを１００個買うことができ、インフレ率が０％なら１００個買える状況が続きます。日本では長期にわたってデフレが続きましたから、預貯金で限りなく０％に近い金利でお金を寝かせていても大きな問題は起きませんでした。**しかしインフレ率２％が20年間継続すると、購買力は67％まで低下し、当初１００個買えたものが67個しか買えなくなります**。40年間では購買力は半減し、45個分しか買えなくなってしまいます。

■長期的にインフレが続くと、モノを買う力が低下！

●インフレ率と購買力の低下

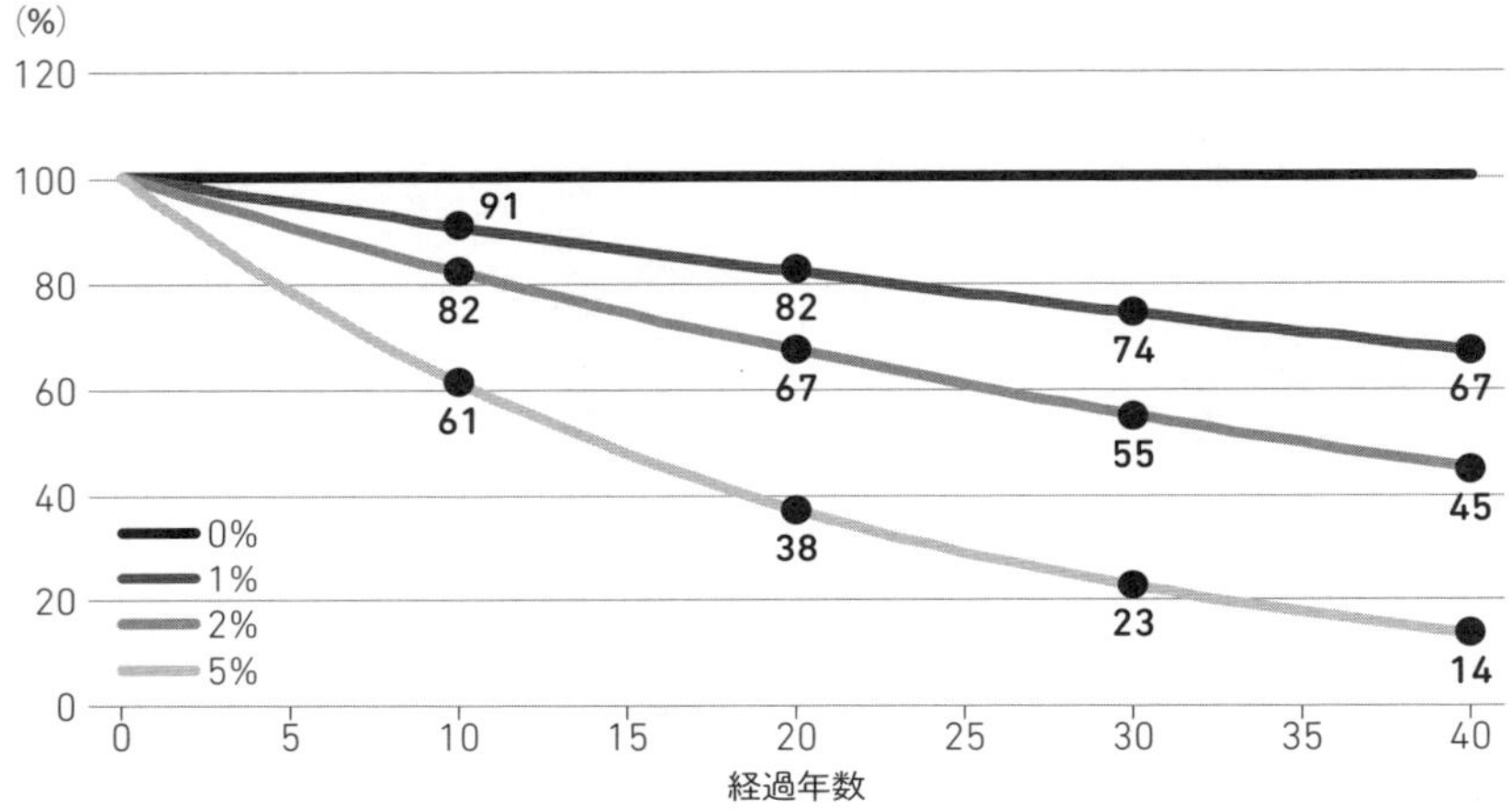

名目上の元本保証よりも、購買力を維持していくことが大切！

新社会人が老後へ向けて2000万円貯めても、40年間、2%のインフレが継続すると実質的な購買力は半分以下になってしまうので、**2000万円分の購買力を保有するためには、40年後には4000万円持っていなければならない**、ということです。長期的なインフレにはそのような影響があるのです。

預貯金では2%、3%など、インフレ率を上回る金利が付くのは難しいといえます。つまり、購買力を維持、向上させるには、投資によって、インフレ率を上回る運用が必要になるのです。

50代、60代で投資するのはリスクが高いと考えられていますが、人生100年時代では70歳、80歳、さらに90歳以降までなど、長い間、お金の価値を守る必要があり、その意味では投資しないことこそがリスクともいえるのです。

▼リタイア後はインフレリスクに対抗しにくい

50代、60代の方にも投資が必要なもう一つの理由は、リタイア後は現役世代に比べていっそうインフレリスクに対抗しにくくなることです。

112ページの図は30歳の方と65歳の方の人的資本まで含めた包括的なバランスシートです。

まず30歳の人の包括的なバランスシートをみてみましょう。バランスシートの資産側(左側)は、金融資産500万円、マイホーム5000万円と仮定します。65歳までの35年間の勤労収入が年間500万円、65歳からの公的年金が200万円で、人的資本は2億円となります。人的資本とは、その人が今後の人生で得られる収入の合計のことです。

負債側(右側)は今後の支出です。30歳から65歳までの年間支出が400万円、65歳以降95歳までの支出が300万円と仮定すると、支出総額は1億9500万円。ほかに住宅ロ

■人的資本を含む包括的なバランスシート

顕在化している資産・負債に加えて、今後の人生全体にわたる潜在的な収入と支出（の現在価値）まで含めた包括的なバランスシート（エコノミック・バランスシート）を作成することも可能です。理想的には、ここまで考慮して、金融資産におけるアセット・アロケーション（資産配分）を決定すべきと言えます。

●30歳の人のイメージ

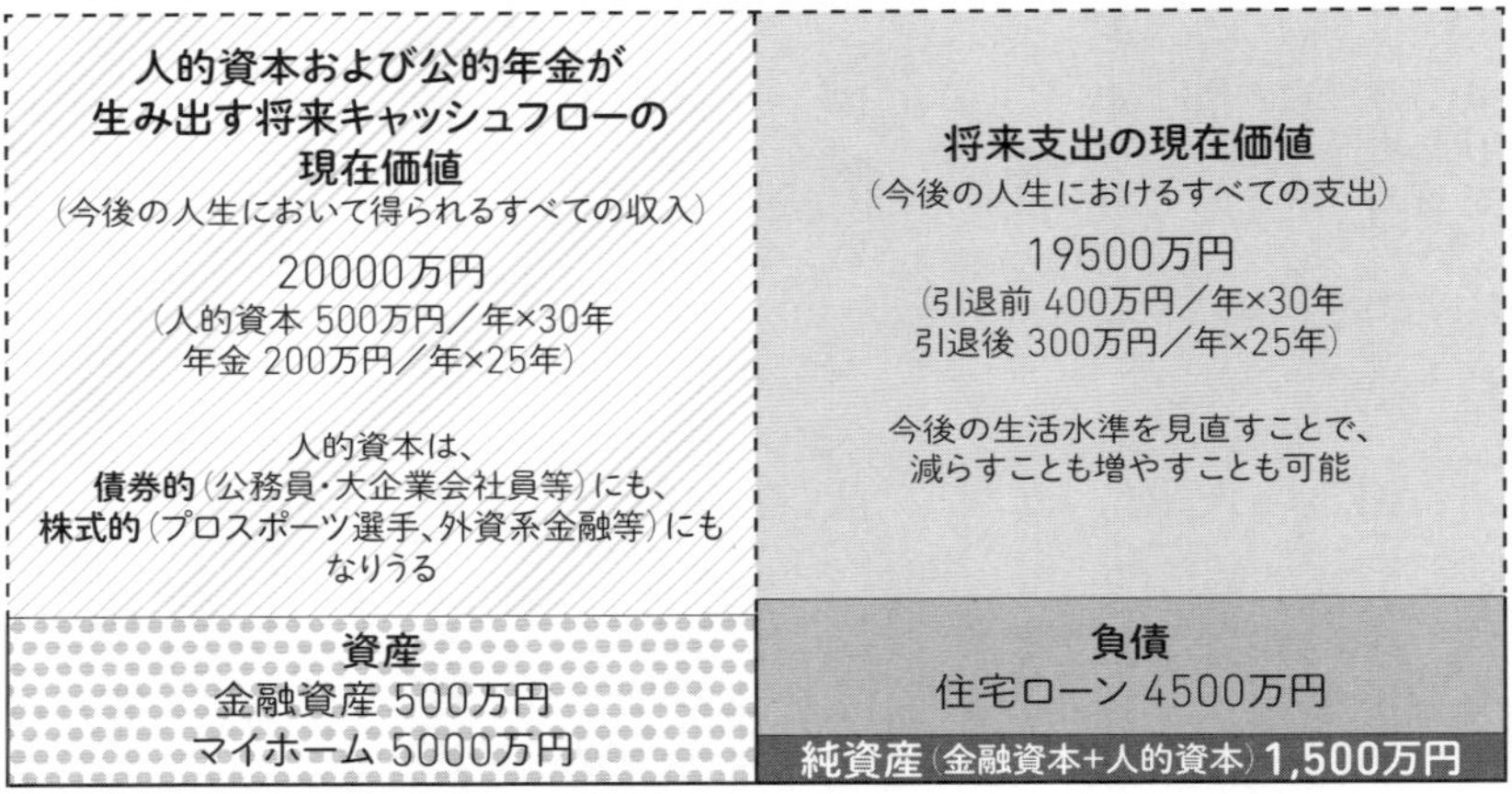

●65歳の人のイメージ

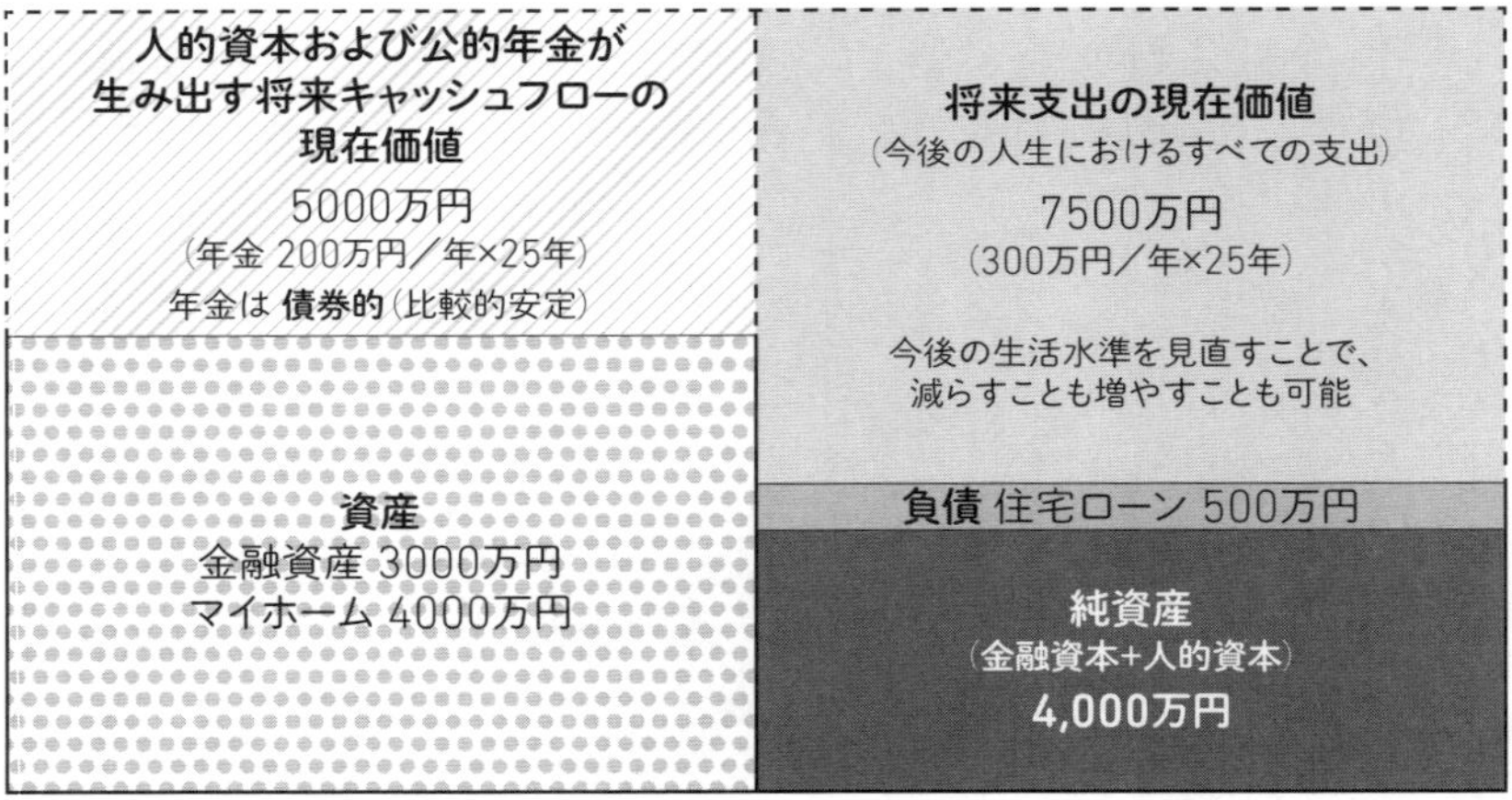

ーンの負債が4500万円あります。

包括的なバランスシートの資産から負債を引いた純資産は1500万円となります。

一方、65歳の方の包括的なバランスシートはどうでしょうか。

65歳でリタイアすると、働くという意味での人的資本はゼロになりますが、公的年金の受給権は確定しており、年金が年間200万円、90歳まで生きるとしたら5000万円（200万円×25年）の年金受給権があります。

年金は安定的に入ってくるお金です。つまり、**年金の受給権があるというのは、債券（債券に投資すると定期的に利子が受け取れる）に似た金融資産を保有しているのと同じ経済効果がある**と考えることができます。

年金は生きている間、ずっと受け取ることができるのが強みですが、一方では、インフレに対応しにくい、という弱点があります。年金はインフレに一定程度は連動するものの、完全には連動しません。

一方、バランスシートの右側にある負債をみると、年間300万円使うなら25年間で支出額は7500万円です。ただし、インフレが進むと、この負債（支出）は膨張していきます。つまり、負債部分はインフレリスクにさらされているということです。

インフレにより、負債である生活費が増えても、資産である年金受給権はインフレに追いつくことはできません。金融資産も預貯金中心ではインフレに対抗できず、純資産はどんどん減っていきます。それを補うためには金融資産の一部をインフレに対応できる資産である株式にしておく必要があるのです。

▼インフレの影響は家計によっても異なる

インフレの影響の受けやすさは家計によって大きく異なります。

基本生活費と特別生活費、住宅費のうち、インフレの影響を受けやすいものには以下のような費目があります。

基本生活費：食費、日用品、光熱費、被服費、自動車関連費（ガソリン代）
特別生活費：旅行代、帰省費用
住居費：（持ち家）管理費、修繕積立金　（賃貸）家賃、更新料

食費や光熱費など、原材料費や人件費の上昇ですぐに上がるものもありますし、家賃など、タイムラグのあるものもあります。

持ち家の人は、住宅ローンを固定金利で借りていれば、返済額の変更はなし。変動金利型では、金利が上がって返済額が増える可能性はありますが、多くの場合、５年ルールによりすぐに返済額が跳ね上がるわけではありません。

生命保険や火災保険の保険料は、契約期間が長めのタイプなら契約期間中は保険料が変わらないのでインフレの影響はなし。火災保険もかつては35年、30年などの長期契約があり、影響はありませんでしたが、現在は最長でも5年契約で、更新時には上昇の可能性もあります。

マイカー通勤など、ガソリンを多く使い、かつ賃貸住宅に住んでいるといった人はインフレの影響を受けやすいですが、持ち家で、固定金利型の住宅ローンを借りていて、車は持っていないという人ならインフレの影響は比較的小さめかもしれません。どの家計も一律に影響を受けるわけではないので、ご自身の家計のインフレの影響の受けやすさがどのぐらいか、確認しておくことが大切です。

2 円安によるインフレには外貨投資が効果的

▼短期的なインフレには外貨建て資産が効く

117ページの図は、おもな金融資産について、インフレに強いか、弱いかを整理したものです。

円建て資産と外貨建て資産（横軸）、付加価値を生み出さない資産と付加価値を生み出す資産（縦軸）とで整理しています。円建て資産かつ付加価値を生み出さない資産、具体的にいえば円預金（現金）はインフレに最も弱いといえます。

短期的なインフレに備えるためには、外貨建て資産を保有しておくことです。

たとえば、1ドル150円から、1ドル180円の円安になると、ガソリン代やモノの価格が値上がりします。しかし、外貨建て資産を持っていれば、円安によってその資産の価格が上がり、資産を売却すれば物価上昇を一定程度カバーできます。

■インフレに強い資産を組み入れる

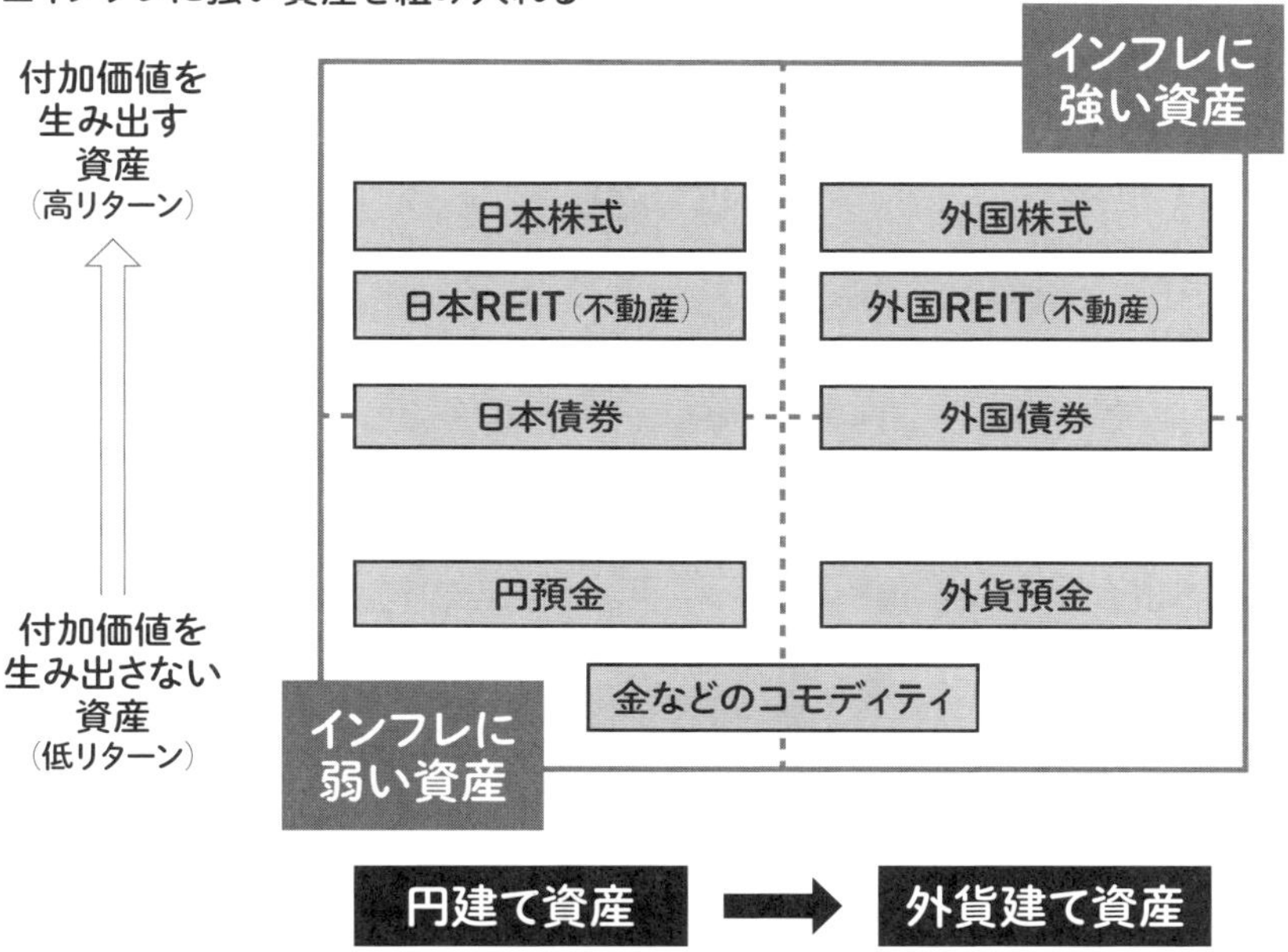

金や原油、穀物など、コモディティ（商品先物取引所で取引される商品等）はインフレ対策としては有効です。インフレは物の値段が上がるということであり、モノであるコモディティはインフレになると値段が上がる可能性が高いからです。

金は米ドルなどの外貨建てや円建てで取引されますが、ある意味では金そのものが通貨の性質を持っているといえます。ただし、金は持っているだけでは利子もつかず、付加価値を生みません。

一方、長期的なインフレには、付加価値を生み続ける資産が重要です。ここでいう付加価値とは、持っていることで利息や配当金などが得られることです。**最もインフレに強いのは、外貨建て、かつ付加価値を生み出す資産であり、外国株式や外国リート（不動産に投資する投資信託）になります**。株式や不動産はインフレに強く、さらに外貨建てという観点から、日本株より外国株、日本のリートより海外リートというわけです。

外貨では、外貨預金や外国債券という選択肢もありますが、投資しやすさやリターンの高さからいうと外国株式に投資する投資信託を持つことが有効なインフレ対策になります。

▼外貨建てに投資しておくと購買力の低下が抑えられる

少し具体的に考えてみましょう。

119ページの図は、年金収入が年間240万円、支出が300万円で、毎年60万円取り崩していく家計が、外貨建て資産を持った場合について整理したものです。

支出300万円のうち、4割の120万円が食費や日用品、衣料品、ガソリン代など、為替レートの影響を受けやすい支出とします。資産は円建ての資産が800万円、外貨建て（ここでは米ドル）資産が1200万円あると仮定します。

1ドル150円から1ドル180円の円安になった場合、外貨建て資産は1440万円に2割増えます。円資産と合わせると2000万円から2240万円への増加です。

■外貨建て資産、円高は危険か？

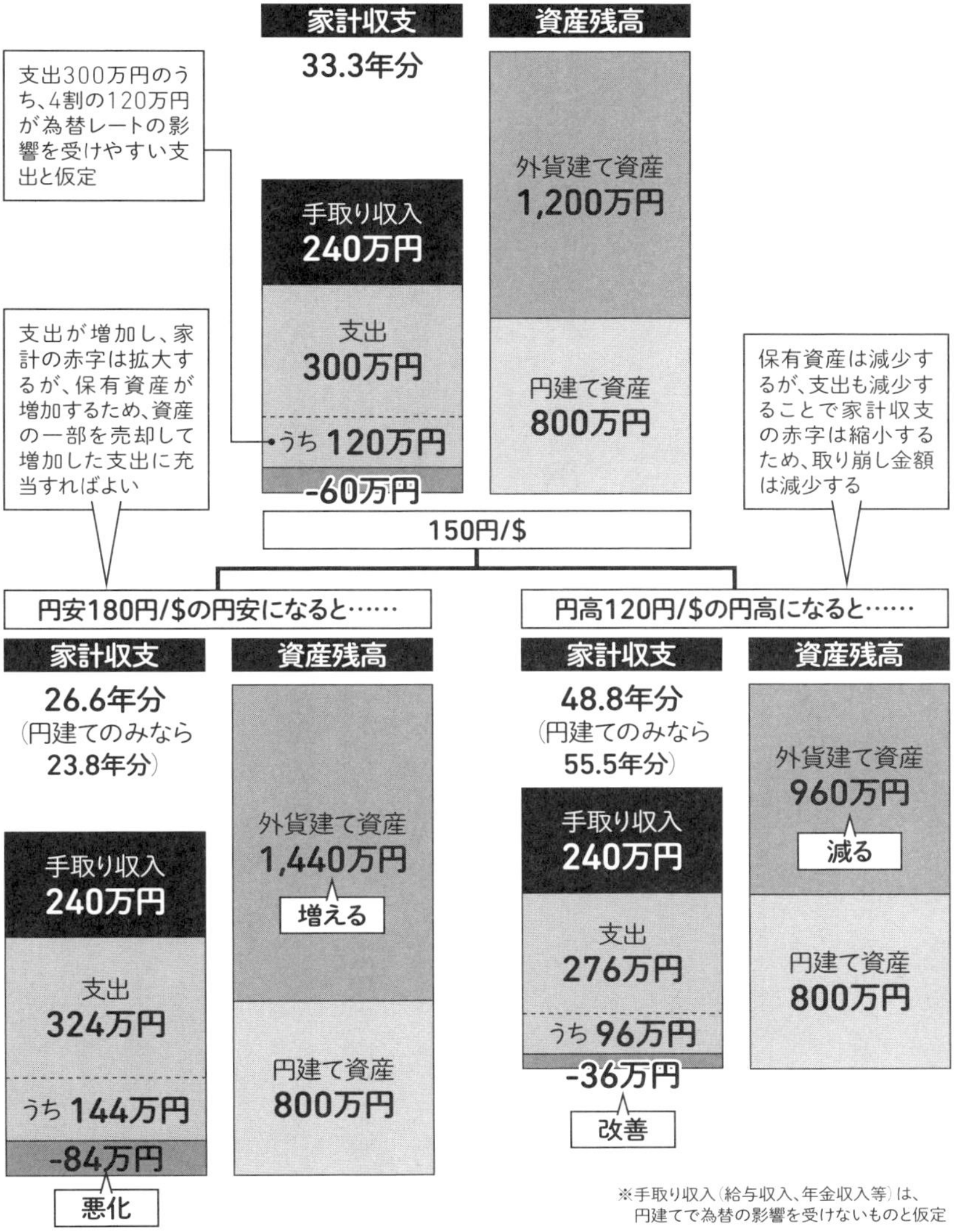

※手取り収入（給与収入、年金収入等）は、円建てで為替の影響を受けないものと仮定

しかし為替レートに連動する支出が2割増えるので、支出は324万円となり、家計の年間収支はマイナス84万円に悪化します。

元々の資産額2000万円から毎年60万円取り崩すということは、2000万円÷60万円で33年分の取り崩し資産をもっていたことになりますが、取崩し額が84万円になると、23・8年分になってしまいます。

対して外貨建て資産を保有し資産が2240万円に増えていれば、2000万円÷84万円で、26・6年分の取り崩し資産を保有していることになります。**外貨建て資産を組み入れておくことで購買力が下がるのをある程度抑えることができるわけです。**

▼外貨建てへの投資、実は円高でも怖くない

では円高になるとどうでしょうか。

円高になると、外貨建て資産は1200万円から960万円に下がってしまいます。円資産との合計は1760万円です。そうなっては大変と思いがちですが、実はそうではありません。**なぜなら、円高によって家計収支の赤字幅も縮小するから**です。

150円から120円の円高になった場合、為替連動支出の部分が120万円から96万円に下がり、年間の赤字は60万円から36万円に縮小します。

１７６０万円を赤字額の36万円で割ると購買力は48・8年分あることになります。つまり、資産の金額は減っても、購買力は高くなるのです。

資産の変化だけを見て、「円高になったら減ってしまうから怖い」と思いがちですが、円高になれば輸入物価が下がることで、支出が減り、赤字幅も縮小するはずです。したがって、円高は怖くないのです。

円建て資産だけを持っていると、円高でも資産は２０００万円を維持でき、購買力はさらに高まりますが、それはあくまで結果論。円高にかけて円資産のみを保有していれば円安になった場合に購買力が下がってしまいます。つまり、**円建て資産だけを持っているのは、円高になれば勝ち、円安になれば負け、という賭けをすることと等しい**のです。

投資は怖い、外貨は怖い、元本保証が一番安心と思いがちですが、実は円建て元本保証だけというのも怖い状態です。「額面の元本が保証されているだけでは購買力の低下が抑えられず安心できない」というのが正しい認識です。

ある程度、外貨建て資産を保有しておけば、円安になった際には外貨建て資産が増えることで支出増の影響が抑えられ、円高になれば資産は減るものの、同時に支出も減るため、購買力への影響は限定的です。外貨建て資産を持つことで購買力は安定する、円安、円高の両方に備えられる、というわけです。

こうした発想を持っている人はあまりいないかもしれませんが、外貨建て資産がいくら増えるかだけでなく、購買力とセットで見ることが重要です。

3 経済成長によるインフレに対応できるのは株式

▼世界株ならインフレに勝てる

長期的なインフレに対応できるのは株式であり、過去の実績を見てもそれは明らかです。

123ページの図は資産別の名目リターンと実質リターンを示したものです。

名目リターンとは株価などの名目金額のリターン、そこから物価上昇率を引いたのが、実質リターンです。実質リターンがプラスであれば、物価上昇を上回るリターンが出ている、つまりインフレに強いということになります。

この図で全世界株式と示されているのは、**世界47カ国の株式で構成される全世界株のインデックス（MSCI ACWI エムエスシーアイ オール・カントリー・ワールド・インデックス）**です。CPIは日本の消費者物価指数、定期預金は国内の銀行の円建て定期預

■インフレ率を考慮したリターン率は?

●名目リターン

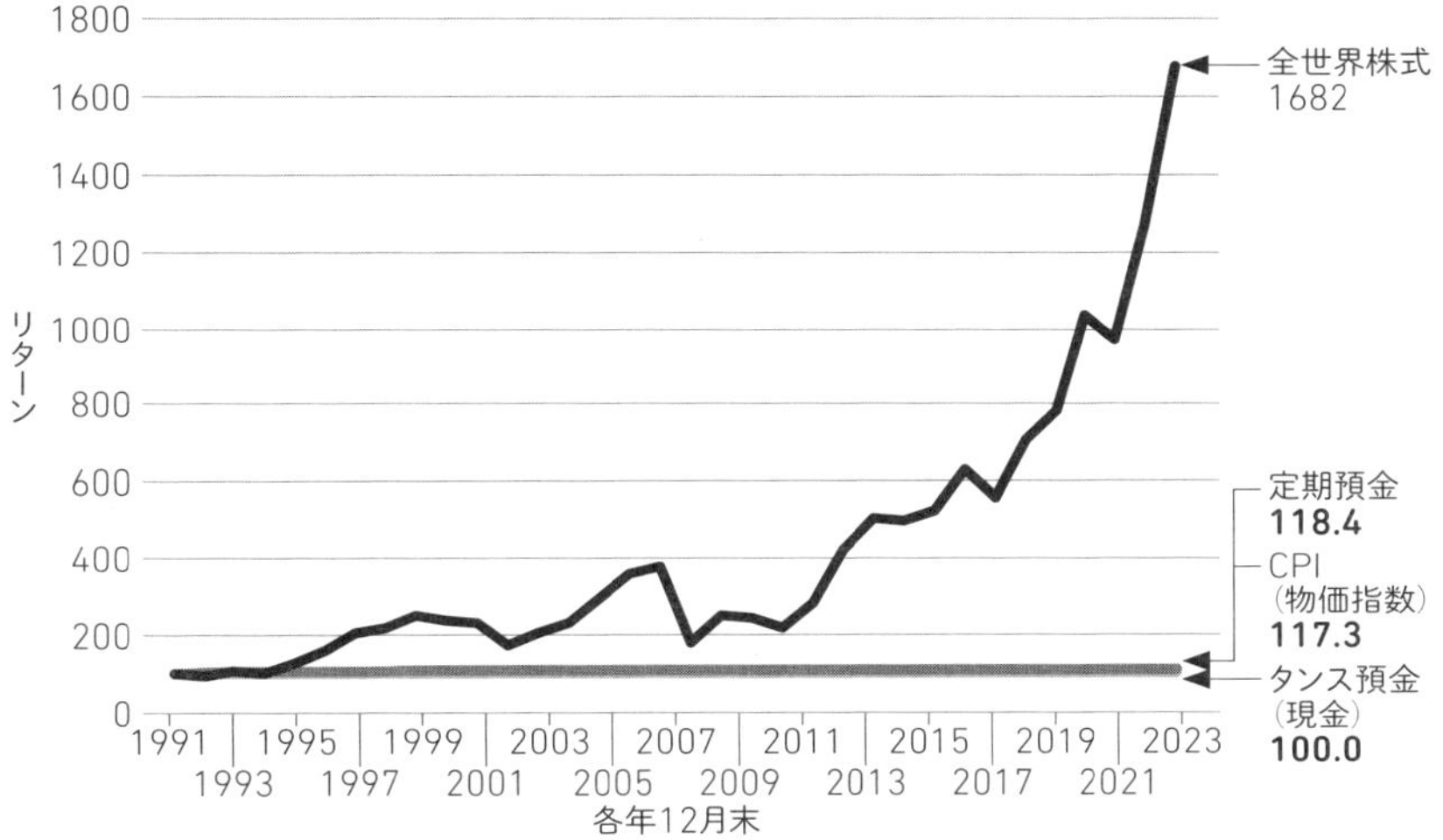

●実質リターン

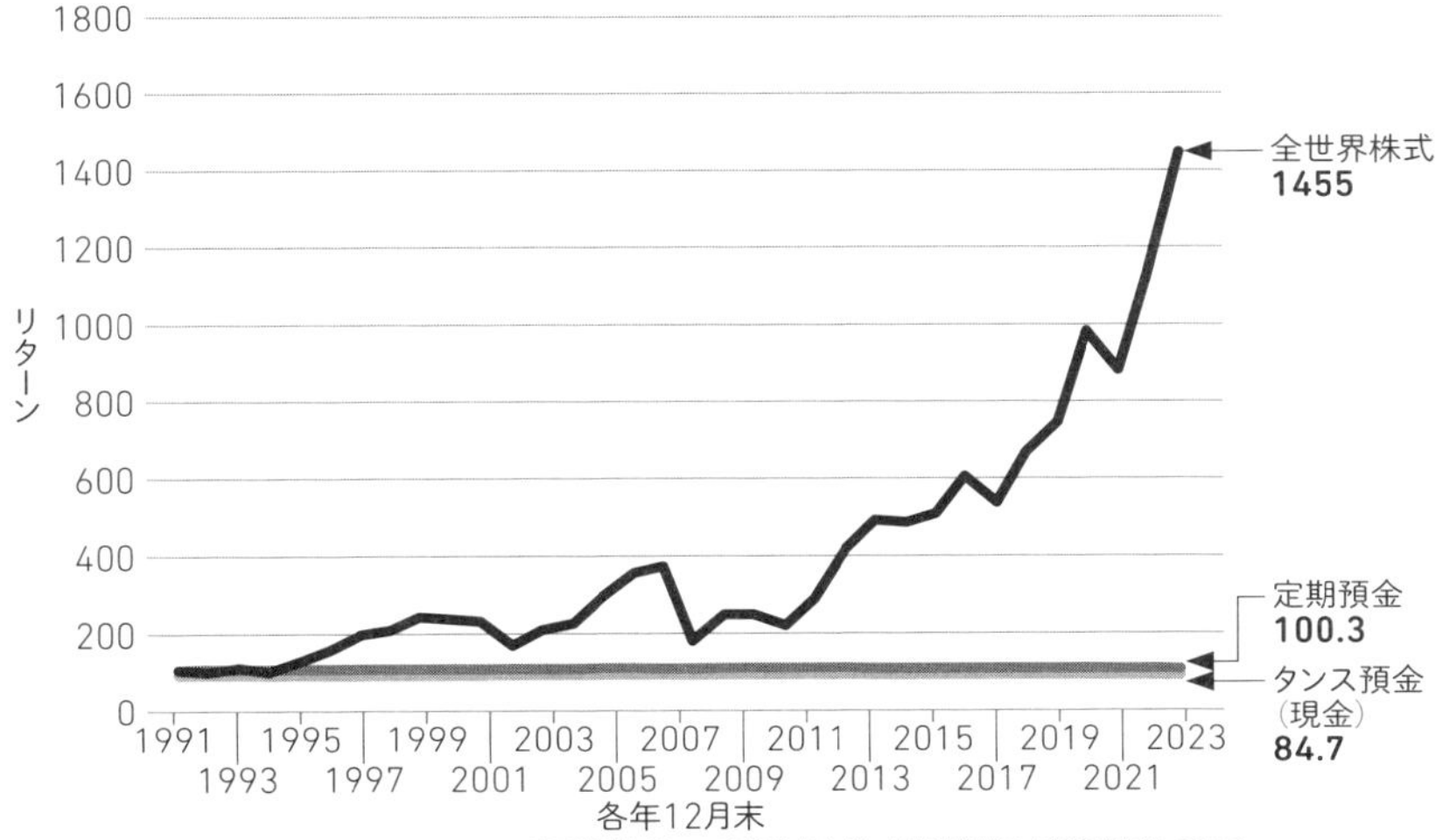

出所：全世界株式はMSCI Inc. ACWI Gross JPY（信託報酬などのコストは考慮せず）、定期預金は日本銀行が公表している預入額1,000万円以上、期間1年の定期預金金利、CPI（物価指数）は消費者物価指数（総合）（期間：1991年12月～2024年12月）

金（1年もの）を示しています。

1991年から2024年までの33年間で株価はかなり上昇しており、名目の累積リターンは、1991年の水準を100とすると、33年間で1682となっています。対して実質の累積リターンは1455となります。

このように物価が上昇すれば実質リターンは名目リターンより低くなりますが、それでも、**世界株であれば物価上昇をはるかに上回る大きな実質リターンが得られています**。

また利息がまったくつかないタンス預金はもちろんのこと、定期預金でも物価上昇程度にしか増えていないことがわかります。

▼インデックスファンドで株に投資できる

「株式投資など難しくてできない」「リスクが高そう」などのイメージがありますが、自身で銘柄を選んだり、タイミングを計ったりする必要はありません。投資信託を利用することで手軽に投資ができます。

投資信託とは、多くの投資家から集まった資金を株式などに投資し、得られた収益が分配金や値上がり益として投資家に還元される仕組みの投資商品です。購入時や運用中、売却時に１２６ページの図のような手数料がかかります（購入時手数料や信託財産留保額は不要な例もある）。投資信託にもたくさんの種類や銘柄があり、とくに注目したいのが、インデックスファンド（インデックス投信）です。

インデックスファンドは、特定の株価指数などと同様の値動きをする投資信託です。たとえば日本株では日経平均株価や東証株価指数（ＴＯＰＩＸ）などの指数があり、それらに連動するインデックスファンドがあります。

投資はなるべく多くの国・地域、多くの銘柄に分散投資するのがよく、世界株のインデックスファンドが有力な候補となります。

4 世界株ファンドでお金を増やす

▼60歳からの投資は世界株ファンドが最適解

前述した世界株の代表的な指数「ＭＳＣＩ ＡＣＷＩ（エムエスシーアイ オール・カント

■投資信託と、その仕組み

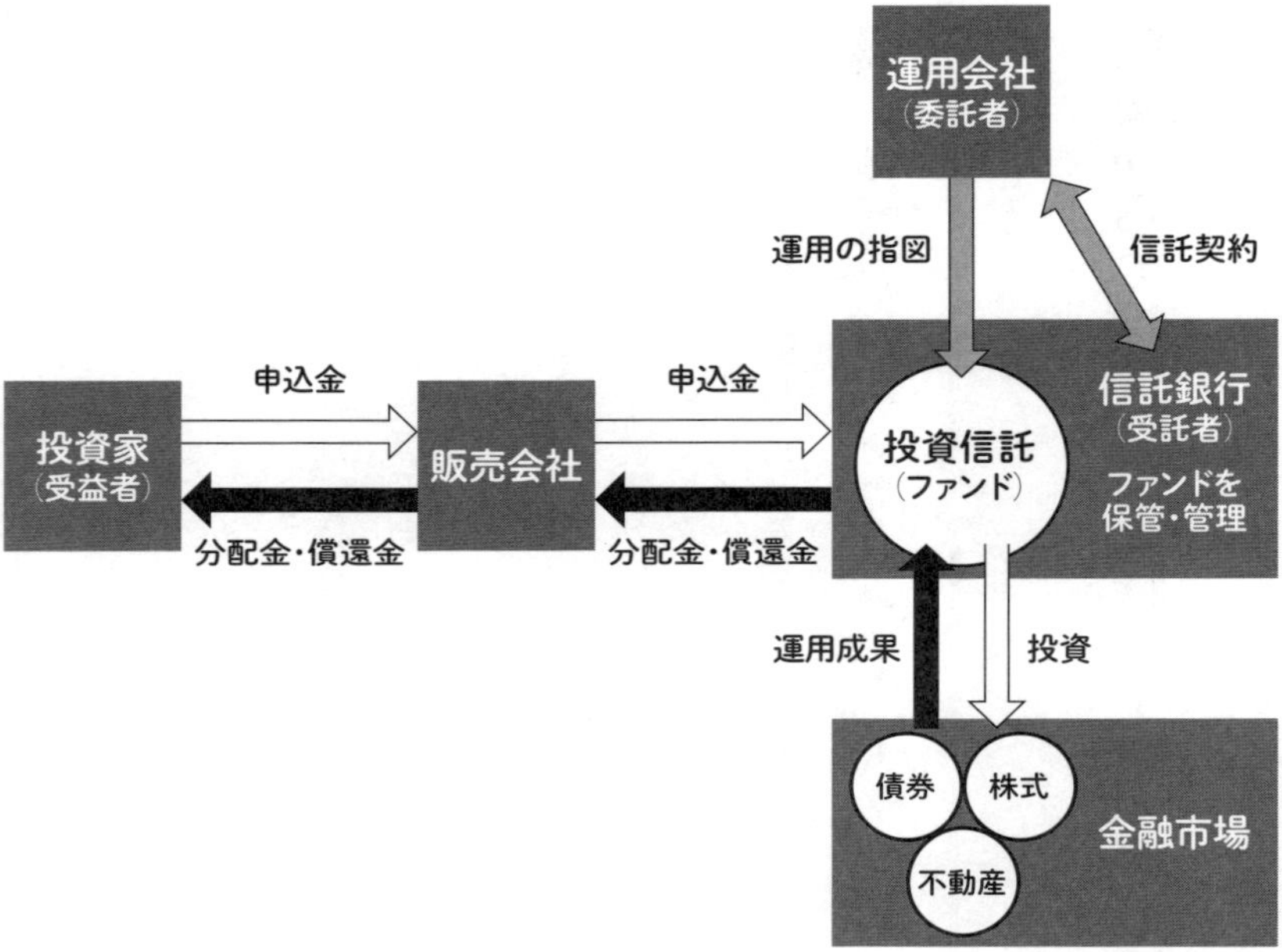

■投資信託の手数料はどのくらい？

購入時	購入時手数料 0～3%程度	●購入時に証券会社などの販売会社に対して支払う ●商品毎に上限はあるが実際の手数料率は販売会社が決定 ●購入金額に対して最大何%として定められる ●ノーロードと呼ばれる、販売手数料がかからないものも
運用中	運用管理費用 （信託報酬） 0.1～3%程度	●運用・管理の報酬として、 運用会社、販売会社、信託銀行に支払う手数料 ●純資産総額に対して年率何%として定められる ●**長期投資の場合、最も重要な手数料**
売却時	信託財産留保額 0.3%程度	●運用途中で解約する場合、解約代金を準備するために、運用している証券の売却が必要になるため、解約者にその負担を求めるもの（ファンドに対して払う） ●解約時の基準価額に対して最大何%として定められる

リー・ワールド・インデックス）」は、米国のＭＳＣＩ社が算出している、世界47カ国（先進国23カ国、新興国24カ国）の株式を対象とした指数です。

国別では米国が約67％、日本は５％程度で、先進国の合計が約90％。インド、中国、ブラジルなどの新興国は約10％です。含まれる銘柄数は２６４７にのぼります（いずれも２０２４年12月末時点）。

このインデックスに連動する値動きをめざして運用されるインデックスファンドがあり、中でも日本で最も運用残高が大きいのが、**「オルカン」**の略称で呼ばれる**「ｅＭＡＸＩＳ Ｓｌｉｍ 全世界株式（オール・カントリー）」**（三菱ＵＦＪアセットマネジメントが運用）です。

世界株の指数には、ほかに世界47カ国から日本を除いたインデックスや、日本以外の先進国のみを対象としたインデックス（ＭＳＣＩ コクサイ）などがあります。

オルカンも含めて、これらのインデックスに連動するインデックスファンドを、本書では**「世界株ファンド」**と呼びます。

インド株のみ、中国株のみなど、投資対象が絞られたファンドもありますが、世界全体の株式市場の中で数％程度の国に集中投資するより、世界中に幅広く分散投資する世界株ファンドの方が、リスク管理の観点からも大きな失敗を防ぎやすいといえます。自国の株式である日本株に絞って投資するのも適切とはいえません。

▼全世界でも先進国のみでも運用実績は大差なし

前述のとおり、世界中の株式に幅広く分散投資できる「世界株ファンド」は、新興国を含む・含まない、日本を含む・含まないなど、複数のタイプがあります。

そのうちどれを選べばいいかと質問を受けることがありますが、**「手数料が一定水準（年率0・2％程度）を下回っていればどれを選んでもいい」**、が答えであり、いずれであっても資産形成や資産活用において大きな影響はないと考えています。

リターンに多少の差は生まれますが、コアとなるのが米国や先進国であることはどのタイプにも共通しており、結果の差もわずかと考えられるからです。

コストが低く抑えられたおすすめの世界株ファンドは131ページの表のとおりです。

ネット証券大手のSBI証券や楽天証券ではこういったファンドを購入できますが、これまで取引のある証券会社でも同様のファンドの取り扱いがある場合は、そこで売っている世界株ファンドの中からいずれかを選べばいいでしょう。

また勤務先の確定拠出年金（企業型DC）に加入している方や、ご自身でiDeCoに加

■MSCI ACWI（オール・カントリー・ワールド・インデックス）とは？

MSCI ACWIは、先進国23カ国、新興国24カ国の上場企業の
時価総額上位約85％を対象とした合計2647銘柄で構成されています。

MSCI ACWI オール・カントリー・ワールド・インデックス
先進国+新興国（47カ国）

		地域	構成国
MSCI ワールド インデックス 先進国（23カ国）	MSCI ジャパン	太平洋	日本
	MSCI コクサイ 先進国（22カ国）	アメリカ	米国、カナダ
		欧州 & 中東	オーストリア、ベルギー、デンマーク、フィンランド、フランス、ドイツ、アイルランド、イスラエル、イタリア、オランダ、ノルウェー、ポルトガル、スペイン、スウェーデン、スイス、英国
		太平洋	オーストラリア、香港、ニュージーランド、シンガポール
MSCI エマージング マーケット インデックス 新興国（24カ国）		アメリカ	ブラジル、チリ、コロンビア、メキシコ、ペルー
		欧州 & 中東	チェコ、エジプト、ハンガリー、クウェート、ポーランド、サウジアラビア、南アフリカ、トルコ、ギリシャ、カタール、UAE
		アジア	中国、インド、インドネシア、韓国、マレーシア、フィリピン、台湾、タイ

出所：MSCI Inc.

●全世界株式インデックス（MSCI ACWI）は37年で約25倍に！

出所：MSCI Inc. ACWI Gross JPY（1987年12月～2024年12月）を対象に筆者が分析。信託報酬などのコストは考慮せず

●株式インデックスの運用利回り（実績）

2024年12月31日時点

（年率）	直近5年	直近10年	1987年12月31日以来
全世界	19.05%	12.80%	9.12%
先進国	20.25%	13.55%	9.32%

出所：MSCI ACWI Gross JPY factsheet（DEC 2024）

入している方は、選択可能な商品の中にある世界株ファンドから選びます。

なお、本書では便宜上「オルカン」と述べている箇所がありますが、「MSCI ACWI」のインデックス（指数）に連動するファンドを指しています。

▼世界株ファンドだけで怖くないか

「海外の株式に投資するなんて怖い」「世界株ファンド一本だけに投資するのはリスクが高い」などという声もありますが、大きな間違いです。

世界株ファンドは株式が入った「器」であり、オルカンを例にすればその中には直近で2647もの銘柄の株式が入っています。**2647種類の株が入ったお弁当箱という感じです**。1種類のおかずしか入っていないお弁当では、当たり外れが大きいですが、たくさんのおかずが入っていれば、美味しくないものが多少入っていても全体的には美味しいなど、リスクを下げてくれます。

オルカンは世界47カ国のそれぞれの国の取引所に上場されている株式のうち、時価総額の上位85％ぐらいの銘柄に投資しているのと同じであり、リスクが分散されているのです。

■世界株式に投資できるおすすめインデックスファンド

投資信託名称（上段） 運用会社名（下段）	対象資産	銘柄数	運用管理費用
eMAXIS Slim全世界株式（オール・カントリー） **三菱UFJアセットマネジメント**	全世界株式	約2,647銘柄	0.05775%
楽天・プラス・オールカントリー株式インデックス・F『愛称：楽天・プラス・オールカントリー』 **楽天投信投資顧問**	全世界株式	約2,647銘柄	0.0561%
楽天・全世界株式インデックス・ファンド **楽天投信投資顧問**	全世界株式	約9,771銘柄	0.191%程度
eMAXIS Slim全世界株式（除く日本） **三菱UFJアセットマネジメント**	先進国株式（除く日本）	約2,456銘柄	0.05775%
eMAXIS Slim先進国株式インデックス **三菱UFJアセットマネジメント**	先進国株式（除く日本）	約1,204銘柄	0.09889%
〈購入・換金手数料なし〉ニッセイ外国株式インデックスファンド **ニッセイアセットマネジメント**	先進国株式（除く日本）	約1,204銘柄	0.09889%
たわらノーロード先進国株式 **アセットマネジメントOne**	先進国株式（除く日本）	約1,204銘柄	0.09889%

注）NISAつみたて投資枠対象ファンドから、各アセットクラスにおいて運用管理費用が比較的低いもので、純資産額が極端に小さいものを除いて掲載。銘柄数はベンチマークの構成銘柄数もしくはファンドの投資銘柄数（2024年12月末時点）。

「たくさんの国や銘柄に分散するより、米国の代表的な企業５００社で構成されるＳ＆Ｐ５００に投資した方が儲かるのではないか」、という人もいますが、オルカンの67％程度は米国株式で、米国にもかなりの割合で投資されています。

米国だけに絞れば、期待できるリターンが大きくなるのと同時にリスクも大きくなりますが、米国以外の先進国や新興国が含まれていることによりリスクが分散されます。

またオルカンは時価総額加重平均という手法で計算されており、米国が他国よりも成長すればオルカンの中での米国株の割合は自動的に高くなります。わざわざ米国だけに絞って投資しなくてもいいのです。

オルカン、あるいはオルカンに準じた時価総額加重平均型のインデックスファンドに投資しておけば、全世界経済成長に平均的にある程度追随する形でリターンが生まれる可能性が高いといえます。**最大のリターンが得られるという意味ではなく、リスク分散を図りながら効率的にリターンを得ることが期待できる、最大公約数的な最適解と考えています。**

▼ETFでなく、投信でいい

投資信託の一種に、「ETF」があります。

一般的にETFとは、特定の指数に連動する値動きをめざすものです。インデックスファンドと似ていますが、**ETFは証券取引所に上場しており株式と同様に売買できます。**

投資信託は口数を指定して買う方法(口数指定)と、投資する額を指定して買う方法(金額指定)があります。金額指定で10万円投資する場合、基準価額(ファンドの時価)が1万円のときなら10口、1万1000円のときなら約9・1口買うことができます(厳密には、通常基準価額は1万口あたりの価格として表示されますが、ここではわかりやすく記載しています)。

対してＥＴＦは、口数を指定して注文を出す必要があり、金額指定はできません。１口１万１０００円のときに10口買うのなら、注文は10口、購入代金は11万円です。投資信託なら「○○○○○ファンド　10万円」などと注文を出せばいいですが、**ＥＴＦでは株と同じように、指値《さしね》注文か成行《なりゆき》かなど、注文の条件も指定しなければなりません**。指値注文は、いくらなら買うというように希望価格を指定する注文方法で、価格について検討する必要があります。成行は注文時点における最良価格で買う注文方法ですが、「それで大丈夫か……」と迷いが生じてしまいがちです。また注文の有効期間を当日限り、あるいは１週間などと指定します。

　このようなことから、ＥＴＦは注文の仕方がやや面倒と感じる人もいるようです。

　投資信託やＥＴＦには、運用や資産の管理を任せるための信託報酬というコストがかかり、保有している間、ずっと負担します。この信託報酬や税といったコストはリターンに大きく影響します。

　１３５ページの図はその例を示したもので、１００万円を投資して年利回り４％で30年間運用した場合、コスト（信託報酬や税など）が０・２％では３０６万円に増えるのに対し、コストが２％では１８１万円にしかなりません。

　また毎月１万円を30年間積み立て、年利回り４％で運用した場合、コスト０・２％では

665万円になりますが、コスト2％では492万円です。

このようにリターンに大きく影響するので、**同じタイプの商品であれば、なるべくコストが低い商品で運用するのが得策です**。

以前は投資信託よりETFの方が信託報酬は低かったため、手数料が低いETFを選ぶ人もいました。しかし投資信託のコスト競争が激化し、現在、主要なインデックスファンドは購入時手数料が無料、信託報酬も極限まで下がっており、ETFとの差はほとんどありません。そのため、あえてETFを選ぶ必要はなく、普通の投資信託で十分です。

▼ETFの短期売買はどうか

投資信託は購入を申し込んだ日(営業日)の株式市場などが閉まったあと、その時点(もしくは翌営業日)の値段(基準価額)で約定(売買が成立)します。そのため、購入を申し込んだ時点ではいくらで買えるか正確にはわかりません。

対してETFは株式と同様、リアルタイムで売買でき、指値注文も可能です。

この仕組みを活かして、ETFは短期売買に向くといわれることがあります。

デイトレードまでいかなくても、なんらかのきっかけで株価が下がったときに数十万円

■コストによって実質的なリターンはこんなに違う!

100万円を一括投資して30年間運用した場合、毎月1万円を30年間積み立てた場合のそれぞれの資産額は、コストによって大きく異なります!（いずれも利回りは4%）

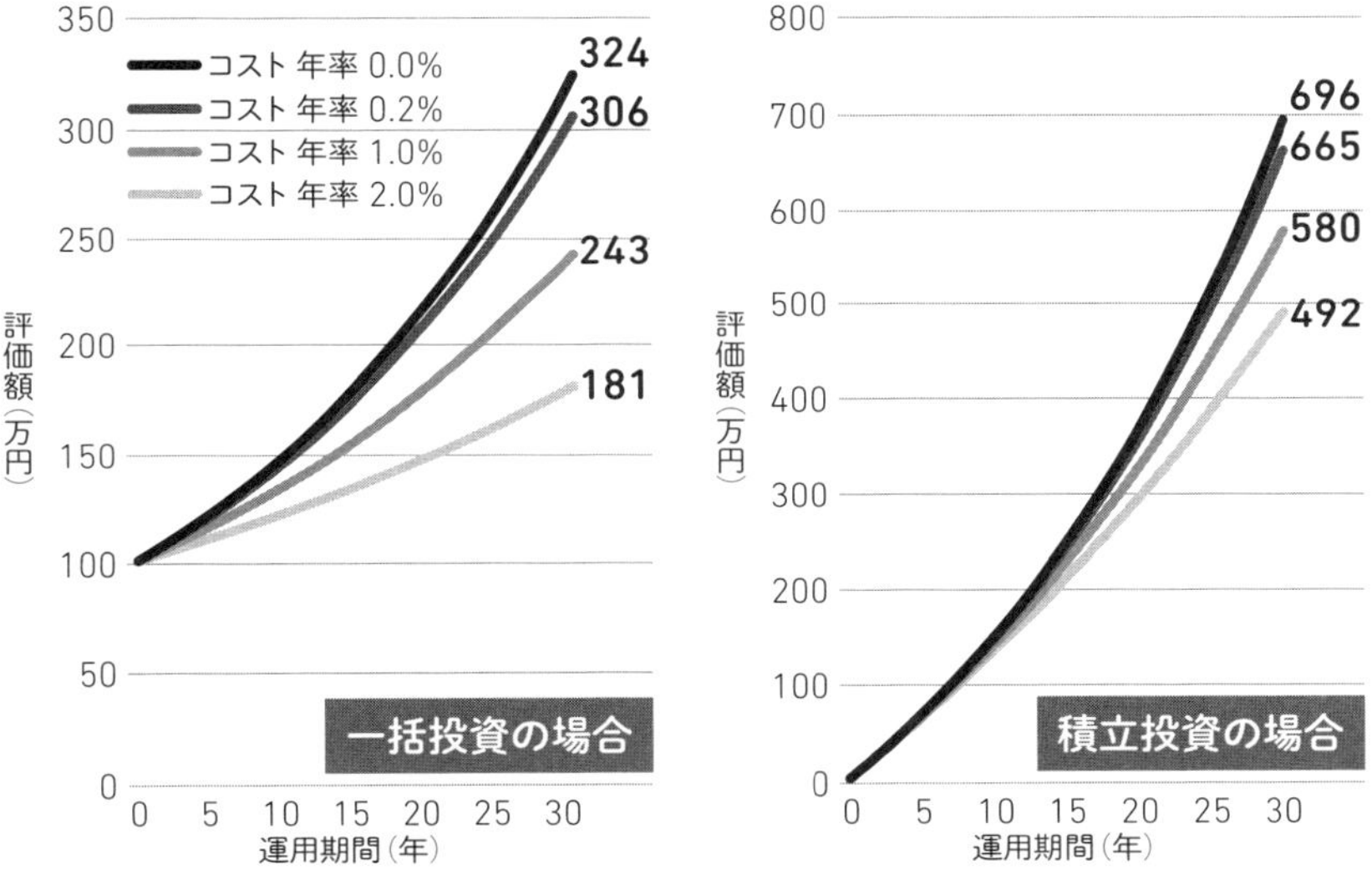

分のETFを買い、上昇したらすぐに売ってお小遣い稼ぎするといったやり方もありますが、おすすめはできません。タイミングを捉えて短期売買で利益を得るのは簡単ではないからです。

儲かればいいのですが、儲からない可能性の方が高いでしょう。

5 世界株ファンド以外の選択肢はあるか

▼世界株ファンドがコア。そのほかはサテライト

世界株インデックスファンド以外にも投資したいという場合は、自分なりの味付けをするのもいいでしょう。とはいえ、それはあくまで、味付けです。

投資先を絞るとリスクが大きくなりますので、運用の中心はグローバルに分散された世界株ファンドにして、これを**「コア（中核）」**とします。目安としてコアは運用する額の8割以上。残り2割以下を**「サテライト（衛星）」**として、個別株式や特定の国などに投資するファンド、アクティブ運用型のファンドなどを加える程度にします。サテライトの割合を高くするとリスクが高くなる可能性がありますから、多くても2割程度までがおすすめです。

サテライトの部分は、株主優待を受けるなど楽しむための投資、あるいは、半導体やマグニフィセントセブンといった特定のテーマで投資するファンドなど、高めのリターンを追求するための投資といった位置付けです。

もちろん、**シンプルに世界株ファンド一本でもまったく問題ありません**。

▼アクティブファンドはいらない

公的年金のこれまでの年金保険料などからなる積立金は、年金積立金管理運用独立行政法人（ＧＰＩＦ）が運用しています。投資対象は国内株式、国内債券、外国株式、外国債券の４資産で、各25％ずつ投資。２０２４年３月末時点では、運用残高約２４６兆円のうち、インデックスに連動させる運用が82％を占めていました。残りの17％強を占めるのがアクティブ運用という運用手法です。

インデックス運用は、対象となる市場全体の平均点をめざす運用です。たとえば世界株のインデックス（指数）は、世界株市場全体の平均ととらえることができ、インデックス運用はその平均と同様のリターンをめざすものです。ＧＰＩＦの外国株式の運用の88％については、日本を除く全世界に連動するようにインデックス運用されています。つまり、我々の公的年金の積立金の一部は、世界46カ国を対象にした株価指数に連動する形で運用されているわけです。

対して、アクティブ運用は高いリターンが期待できそうな銘柄を選んで運用するものです。銘柄を厳選することで、市場平均より高いリターンをめざします。

しかし**アクティブ運用が継続的にインデックス運用を上回る成果を上げるのはかなり難しいのが実態**です。そのため、世界最大規模の機関投資家(第三者の資金を運用する投資家)であるGPIFも、資産の大部分をインデックスで運用しているのです。

雑学的なお話になりますが、アメリカのイエール大学やハーバード大学などでは大学への寄付金を大学基金(エンダウメント)として運用し、その収益を研究費などに充てています。日本の一部の大学でも取り組みをはじめています。

イエール大学の基金を長年運用してきたデビッド・F・スウェンセン氏は、**「熟達したアクティブ運用判断のためのリソースを持たない投資家は、ポートフォリオを市場性有価証券からなる幅広い資産クラスにおけるパッシブ運用だけに限定するのが賢明である」**と述べています。アクティブファンドが本当にインデックスを上回るリターンを生み出すかを判断するための能力を個人は持ってない。だからパッシブ運用(インデックス運用)を選択した方がいい、という意味です。

金融機関は得られる手数料がインデックスファンドよりも多くなるため、アクティブファンドをすすめてくることがあります。しかし、長期的にインデックスを上回るリターンを出し続けるファンドを選び抜く能力を持たない個人投資家は全世界株インデックスファンドを買えばいい、ということです。

▼高配当銘柄も含め、個別銘柄は分散がききにくい

『会社四季報』(東洋経済新報社)をみながらいい銘柄を探し、短期売買で儲ける、といった手法は、当たれば大きいかもしれませんが、外れたら紙屑になるリスクもあり、ハイリスク・ハイリターンです。

配当金を狙って高配当銘柄を好む方も少なくありません。高配当銘柄は業績が安定していると思われがちですが、本当にそうでしょうか。たとえば東京電力は配当利回りが高く、安定した銘柄として人気がありましたが、原発事故によって株価が急落しました。個別株はいつどんなことが起きるかわからないのです。**老後の大事なお金を投資するならなおのこと、幅広く分散投資された投資信託を候補にするのが基本です**。

高配当の銘柄を集めた投資信託やＥＴＦもあり、個別銘柄よりはリスクが分散されますが、世界株インデックスファンドと比べると銘柄数は少なめです。

たとえばＴＯＰＩＸのインデックスファンドが２０００銘柄程度に分散されているのに対し、日経高配当ＥＴＦに含まれるのは50銘柄です。オルカンなら２６４７銘柄に分散さ

れているのに対し、世界株の高配当ETFでは400銘柄程度に過ぎません。

▼意外と多い、高配当銘柄の注意点

高配当利回りにはほかにもいくつかの注意点があります。

まず、配当利回りの罠です。

配当利回りは、「年間配当額÷株価×100」で計算されます。年間の配当が100円、株価が1万円なら、配当利回りは1％です。

年間配当額は100円のまま株価が3000円に下がると、配当利回りは3・3％になります。高配当の銘柄に見えますが、年間配当額はなんとか維持したものの、**業績不振で株価が急落したために配当利回りが高めに見えているだけ**、というわけです。

業績が悪化していれば配当金も減る可能性が高まりますから、配当利回りが高いだけでなく、業績がいいことも重要なのです。

金利上昇局面での下落リスクも気になります。

日銀が利上げするのは短期金利ですが、短期金利が上がると、結果的に長期金利である

10年国債の利回りも上昇していく可能性が出てきます。10年国債は安全性が高く、その10年国債の利回りが２％、３％などの水準になると、価格変動リスクが高い株式の配当利回り４％などは相対的に魅力が薄れます。株式はリスクが高くて配当利回りが４％、国債はリスクが低くて３％となると、割に合わないからです。そうなると、株価が下がりやすくなるのです。

さらに、**高配当銘柄に投資することで、得られるリターンが低くなってしまう可能性もあります**。

たとえば、世界株ファンドには、世界的に競争力があり、高いリターンを叩き出しているアップルやエヌビディアなどの企業が入っています。

一方、高配当銘柄は、自社で生み出した利益を、ビジネスの成長のための投資資金に充てず、株主に還元しています。したがって、配当は高いものの、高い成長は期待しにくく、トータルで見ると限定的なリターンになってしまう可能性があるのです。

▼株主優待を目的とした投資はどうか

個別株投資では、銘柄によっては株主優待を楽しめる例もあります。

株主優待とは、個人株主への感謝の気持ちとして、一定の株数を保有している株主に対し、企業が自社製品や優待券などを贈るものです。居酒屋チェーンや量販店の優待券など、株主優待目的で投資し、趣味や生活を楽しむのもありでしょう。

ただし、株主優待制度は内容が変更になったり、廃止になったりするケースもあります。また優待はあっても株価は下落して回復の期待が持てないというのでは困りますので、業績の確認も必要です。**繰り返しになりますが、個別銘柄はあくまでもサテライトの位置づけであり、運用資産のせいぜい2割程度までにしておくのがおすすめです**。

高齢男性には株好きな方が多く、医師の和田秀樹氏も、個別株投資は認知症予防になると著書で述べています。企業の情報が網羅された『会社四季報』をみながら知的ゲームを楽しむ、といった投資であれば、それも良いと思います。

しかし実際には、多くの方が会社四季報の読み方がわからない、ＰＥＲやＰＢＲなどの株価指標がわからない、決算分析ができない、面倒、だから株式投資はしない、となりがちです。それはまったく問題なく、手間をかけずとも、世界株ファンドを使えば、十分、資産運用は可能です。

▼どうする？　自社の持株

勤務先の持株会で自社株を持っている人もいるでしょう。

通常は従業員持株会という名義で管理されていますが、退職すると従業員持株会からは脱退しなければなりません。そのため持株会の管理証券会社に口座を開設し、従業員持株会名義のうち自分の持ち分の株数相当を振り替えて、自分の個人口座に移します。

その後、そのまま保有することもできますし、売却することもできます。

保有していてもいいですが、個別銘柄ですからリスクは高く、あくまでサテライトの位置付けです。成長が期待できない場合や、分散投資をしたい場合には、売却し、世界株ファンドに投資しておくとよいでしょう。思い出に少しだけ残して、残りを売却してオルカンなどの世界株ファンドを買っておくのがおすすめです。

振替できるのは持株会管理証券会社の口座だけで、大手証券会社であるケースがほとんどです。**大手証券会社は売買手数料が高いので、振替して自分の証券口座に入れたあと楽天証券やＳＢＩ証券などの大手ネット証券に移管し、そちらの口座で売却した方が取引費用は低くなる**可能性があります。出庫手数料はかかりますが、それを加味しても、ネット証券から売却した方が手数料は安く済むかもしれませんので、比較検討をおすすめします。

▼持株の一部を売って世界株に一括投資

持株会で積み立てた自社株で、多額の含み益が生じている人もいます。

Eさんは、持株会の積立元本は500万円程度だったのが、株価が上昇し、3000万円になっていました。「このまま持っていてもいいが、リスクを抑えるためは世界株ファンドにも投資したい」と考えました。

そこで3000万円のうち、1500万円分を売却し、世界株ファンドに投資することにしました。しかし、「1500万円を一括投資するのは怖い」といいます。

冷静に考えると、不思議な話です。

Aさんが自社株に投資したのは計500万円、半分を売却して世界株ファンドに投資するなら、元手は250万円であり、1500万円ではありません。250万円に含み益1250万円(税負担は考慮せず)が乗り、それを個別株から世界株ファンドへ乗り換えるだけです。**万が一、乗り換えた世界株ファンドが1400万円になったとしても、100万円損したのではなく、250万円から1400万円に増えた状態なのです。**

実質的には日本の個別銘柄1社の株を持ち続けるよりも、世界中の株式に分散されている世界株ファンドに乗り換えた方がリスクは分散され、はるかに安心できるのではないでしょうか。

▼個人向け国債は守るお金の運用に向く

代表的な投資商品には債券もあります。債券は保有している間、あらかじめ決められたクーポン(利息)が受け取れるほか、満期には額面の金額が償還されます。しかし発行体である国や企業の状態によっては利払いや償還が滞る危険性もあります。

債券のなかで利用しやすいのは、「個人向け国債」です。

個人向け国債は国が発行する債券で、実質的には元本が保証されています。

固定金利型の「固定３年」「固定５年」もありますが、今後の金利上昇局面を考慮すると、変動金利型の「変動10年」が選択肢になります。

変動10年は、10年国債に連動する形で金利が見直されます。また1年経過後は中途解約もでき、直近の利息の一部が引かれるものの、元本割れはしません。安全かつ金利が上昇すればその波に乗ることができるため、介護資金や医療費など、安全重視で確保しておきたい資金の運用に適しているといえます。

ほかに民間の企業が発行する社債もあります。

安全性が高い債券は利率が低いですが、安全性が低い債券は投資家を募るため利率を高くしています。お金がほとんど戻ってこない危険性もある信用力が高くない社債を買うよりは、世界株ファンドで分散を図った方がいいでしょう。

▼債券ファンドは投資先として不向き

多くの銘柄に分散投資された債券ファンドもあります。

債券は株式とは逆の値動きをしやすい傾向があり、株式と債券を持つことで、全体の値動きを抑えられる資産分散効果が期待しやすいと考えられています。また株式と債券に分散投資するバランス型ファンドというタイプもあります。

しかし、全体の値動きを抑えるために債券ファンドやバランス型ファンドを買う必要はありません。値動きを抑えたいのであれば、金融資産のうち、投資に回すお金の金額と、預金や個人向け国債で守るお金の金額の割合を変えればいいからです。全体の値動きを抑えたいなら守るお金の割合を高く、リターンを重視するなら投資するお金の割合を高くする。そうすることで金融資産全体のリスクを調整できます(トービンの分離定理と呼ばれる考え方です)。

▼リートはサテライト候補として考える

リート（REIT, Real Estate Investment Trust＝不動産投資信託）とは、複数の不動産に投資し、得られた賃料収入を分配金として投資家に還元する投資信託の一種です。不動産賃料は景気に連動しやすく、株式と同じように長期的にはインフレ対策にもなりやすい性質があります。そのため、資産の一部をリートに投資するという選択肢はあると思います。

とはいえ、マストアイテムではありません。管理をシンプルにするなら世界株ファンド一本でよく、興味があるなら世界株ファンドでコアをつくり、サテライトとしてリートを加える程度でいいでしょう。

▼利子を生まない金・商品（コモディティ）は優先順位が低い

金や商品は需給で価格が決まり、値上がりすることもありますが、利子は生みません。金価格に連動するＥＴＦ、小麦や原油などの商品系（コモディティ）に連動するＥＴＦもあって手軽に投資できますが、一般的な個人の資産運用においては、必ずしも投資すべきものとはいえません。

有事の金といわれることもありますが、買っても全体の数％でしょう。

6 やってはいけない投資とお金の使い方

▼銀行・証券会社の退職金向けプランは要注意

銀行などでは、退職金を受け取った方向けの商品や運用プランを用意している例があります。電話などで勧誘されるケースもありますが、ほとんどの場合は検討に値しません。

よくあるプランは、1000万円を預けると半分の500万円は高金利の定期預金に預けることができ、残り500万円は銀行が選定した数本の投資信託の中からいずれかを購入する、あるいは外貨預金に預けるというものです。

定期預金が1%といわれると魅力を感じてしまいそうですが、実は3カ月または6カ月しか適用されないケースがほとんどです。

また対象となる投資信託は販売手数料が3%、信託報酬2%など、コストが高いものばかり。**販売手数料を払ったら、3カ月1%の金利など、すぐに吹き飛んでしまいます。**

さらに高金利が適用される期間が終わると、「定期預金が満期を迎えますので500万円で投資信託を追加購入しませんか」、などと提案されることもあります。いうまでもありませんが、そのようなプランや勧誘には絶対に乗ってはいけません。投資をするなら、手数料の安い世界株ファンドを買えばいいのです。そもそも数百万円ものお金を一気に投資するよう勧めてくるのも考えものです。

証券会社では複数の投資信託をパッケージにしたファンドラップという商品を扱っている例もあります。複数のファンドがラインナップされており、投資額を決めると、どの程度のリターンを望むか、リスクをどの程度に抑えたいかなどにより、証券会社が複数のファンドを組み合わせて投資します。

ラインナップされたファンドそれぞれの手数料のほかに、資産全体を管理する手数料がかかったり、リターンの一部が報酬として差し引かれたりする例もあります。

そうしたコストを負担するより、シンプルな世界株ファンドで運用すれば十分です。

▼わからないものには絶対に投資しない

退職金を受け取ったら注意すべきことがあります。

それは、気が大きくなって無謀な投資をしてしまうことです。

いまだによくあるのは未上場株式への投資で、「ＩＰＯをめざしているこの企業に投資しておけば必ず10倍になりますよ」といった勧誘です。暗号資産への投資を勧められることもあるでしょう。「ビットコインの次に値上がりが見込まれる暗号資産といわれているのですよ」などの勧誘もあるようです。ご自分で理解できない商品に、勧められるがまま投資をするのは避けてください。

どうしても気になるなら、少なくとも販売しているのが金融庁の登録金融機関かどうかを確認します。ただし、登録金融機関だからといって安心できるとは限りません。問題が起きている商品ではないかをインターネットで確認したり、投資助言などの専門家に相談したりするとよいでしょう。

▼気が大きくなって退職金を散財しない

公的年金はリタイア後の生活費のベースとなるもの、そして退職金は不定期な支出やゆとり資金などとして使える大切なお金です。長年のお勤めに対する報酬ですから、思い切り使いたくなる気持ちもわかりますが、アクセル全開は少し危険です。

これまでファイナンシャルプランナーとして相談を受けた例や、学生時代、会社員時代の先輩諸氏から聞いた例では、正直なところ、「うーむ」と唸ってしまいそうになるエピソードも少なくありません。

一例では、「退職金を２０００万円受け取った後、夫婦で長年の夢だったクルーズ旅行に行って1年で５００万円使った」「８００万円をはたいて、憧れの外車に買い換えた」など。「部屋の模様替えをしたり、車を買ったり、子や孫を連れて一族で海外旅行。気づいたら１０００万円なくなっていた」という人もいます。

いうまでもありませんが、後先考えずに使ってしまうのは危険です。自分にはありえない……と思うかもしれませんが、長い会社員生活を終えた充実感と安堵感、そしてまとまったお金……ということで、少しくらいはいいかと気が緩んでしまうようです。

また「少し先にリタイアした先輩社員が遊んでいる様子を見聞きして、自分も同じように遊んでしまった。定年退職した上司がゴルフ会員権を買っていたので、自分もそれくらい買えるだろうと真似して買った」という方もいました。

しかし、**同じ職場の人でもお財布事情は人それぞれです**。退職金の水準が同じくらいでも、ある人は配偶者に相続でまとまったお金が入ってきたのかもしれませんし、別の人は共働きのパワーカップルなのかもしれません。

老後のお金を見通して、不安のないファイナンシャル・ウェルビーイングを実現する。

守るべきお金は守り、適切な運用で増やしながらお金も時間もウェルスペントする(有意義に使う)。

　そのためにも、早まらず、見通しを立て、ライフプランを考えたうえで有意義に使う方法を考えていきましょう。

第4章

60歳からの賢い投資術

1 60代はいくら、どうやって投資するか

▼60代以上でも投資デビューできるか

60代の方も、インフレによって購買力が下がるのを防ぐため、また資産寿命を延ばすために、投資はすべきだと思います。

経験がない方でも基本を守れば投資は十分可能。おもなポイントは次の３つです。

●数年以内に使う予定のお金は投資しない
●初心者はまとめて一気に投資しない
●投資先を幅広く分散させる

▼いくら投資に充てられるのか

ここからは、投資する金額の決め方や具体的な投資の方法をみていきましょう。

50代～60代前半など勤労収入がある間は、お金を次のように分けます。

１ ふだん使うお金（日常生活費）……生活費の１・５カ月分程度
２ とっておくお金（生活防衛資金）……６カ月～１年程度の生活資金
３ もうすぐ使うお金（ライフイベント準備金）……５年以内に必要となるお金
４ 老後に使うお金（老後資金）……１～３にあてはまらないお金

1は日常的に使うお金ですから預貯金においておきます。

2の生活防衛資金とは病気や怪我で一定期間働けないリスクなどに備えるお金で、預貯金や個人向け国債など、円建て元本保証の商品で運用します。

3のもうすぐ使うお金は、教育費や車の買い替え資金などです。

それ以外は老後に使う予定のお金として分類し、この資金の一部を世界株ファンドなどで運用します。

たとえば現在58歳で、65歳まで働いて勤労収入で生活できるとすると、老後資金を使うのは65歳以降です。その場合、投資を開始して少なくとも7年間は売却する必要性はありません。

運用期間が長くとれるため、投資経験が豊富な方なら老後資金の全額を世界株ファンドに投資してもいいのですが、はじめて投資する方なら、まずは老後資金の一部を時期を分けて少しずつ投資していくといいでしょう。5年後には半分が世界株ファンド、半分が預金など、少しずつ運用資産の割合を高めていくのがおすすめです。

多くの方は退職金を受け取ってから本格的に運用を考えるのですが、できれば退職金を受け取る前に考え、実践しておくのが望ましいといえます。投資できるお金を預貯金に寝かしておくのはもったいないですし、インフレリスクに負けてしまう可能性があるからです。定年まで待たずに手元資金を運用することで長期の運用ができますし、投資経験も積むことができ、結果的にお金が増えていく可能性が高まります。

▼毎月の収入からも投資する

勤労収入がある間は、手元資金の一部だけでなく、毎月の収入の中からの積立投資をすることもできます。積立投資とは、毎月一定の額で投資信託などを継続的に買っていくものです。証券会社や一部銀行などで、世界株ファンドなどの積立投資ができます。

定時定額の積立投資では基準価額が高いときは少ない口数、安いときはたくさんの口数を買うことになります。高いときにまとめて買ってしまう失敗を避けやすく、平均買付単価を低く抑える効果が期待できるとされています。

▼税メリットのある企業型ＤＣやｉＤｅＣｏで積立投資をする

勤務先で確定拠出年金（企業型ＤＣ）がある人や、個人でｉＤｅＣｏ（個人型ＤＣ）に加入している人は、ご自身で選んだ商品で掛金を運用しています。その運用先も見直してみましょう。

受給開始までの期間や、使いたい時期までの年数にもよりますが、企業型ＤＣを保険や預金で運用するのは本当にもったいないと思います。企業型ＤＣやｉＤｅＣｏは運用益が非課税というメリットがありますが、保険や預金では利益が小さく、運用益非課税のメリットを十分に活かすことができないからです。

また両制度とも少なくとも60歳までは受け取ることができず、自動的に長期での運用となります。長期で築いていく資産を保険や預金で運用すると、インフレに対抗できない可能性があります。

これらの理由から、基本的には世界株ファンドで運用するのが適しています。

さらに、安易に解約できないため、短期的な値動きが気になってよくないタイミングで売ってしまうという失敗が避けやすいという利点もあります。

基本的に受給開始は60歳から75歳までの間で選択できます。50代前半であれば、60歳まで10年近くありますから、運用商品は世界株ファンド100％でいいでしょう。働き方、ライフプランにもよりますが、もし60歳時点で価格が下がっていたら、そのまま保有して回復を待つのが得策です。

ちなみに、アメリカでは、ある程度の年齢に達すると、強制的に引き出し始めないといけない、最低引き出し義務があります。給付開始年齢は59・5歳、給付開始義務は72歳到達時または退職時のいずれか遅い方となっています。どんなに遅くても72歳から受け取る、ということです。

2 リタイア後に投資できるお金を見極める

▼リタイア後はお金を改めて四つに分ける

リタイア後は改めて資金を分類します。なぜなら、収入の柱が勤労収入から年金収入に変わることで、確保しておくお金も変化するからです。

65歳でのリタイアを想定すると、65歳以降のお金の分け方は、１６０ページの図のようになります。

「ふだん使うお金（日常生活費）」「使うかもしれないお金（医療・介護準備金）」「プールしておくお金（ダム資金）」「運用し続けるお金」です。

「ふだん使うお金」は現役時代と同じですが、ほかの三つは変わります。

現役時代にはとっておくお金（生活防衛資金）がありましたが、リタイアすると、その必要はなくなります。病気やけがなどで休養しても年金は受け取ることができ、収入には影響しないからです。

とはいえ、介護や医療でお金がかかりやすい年齢にさしかかっているので、その分は「使うかもしれないお金（医療・介護準備金）」として用意します。車の買い替えや自宅リフォームなど、今後20年ぐらいに使う可能性があるお金の一部もキープします。

三つ目は「プールしておくお金（ダム資金）」です。これは生活費やゆとり費として使っていくお金で、**運用資産から定期的に取り崩していく金額の５年分程度を確保しておきます。**

そして、以上三つを確保した残りが、四つ目の「運用し続けるお金（運用資産）」です。

■セカンドライフのお金を4つに分ける

ふだん使うお金
（日常生活費）

↓

生活費の1.5カ月分程度

現金か預貯金で持つ

プールしておくお金
（ダム資金）

↓

取り崩して使う額の5年分程度

預貯金で持つ

使うかもしれないお金
（介護費用や
数年以内に予定している
自宅の修繕費、
家電の買い替え費用など）

↓

必要と見込まれる金額

預貯金か個人向け国債で持つ

↑

ここを確保しておけば、
安心して投資できる

運用し続けるお金
（増やしながら
取り崩していくお金）

↓

世界株ファンドで運用

NISA口座など活用

↑

資産の一部を
投資することで
インフレにも対抗できる

四つに分けるのも意外と難しいものです。年間生活費を把握していなければ、ふだん使うお金や「プールしておくお金」がいくらあればいいかがわからないからです。またリタイアすると基本生活費も変わってきます。それも踏まえて年間支出がどれぐらいなのかを把握し、1・5カ月分程度を「ふだん使うお金」として現金や預貯金にしておきます。

また、「プールしておくお金」や「運用し続けるお金」をいくらにするか、その考え方については第5章で説明します。

では、お金を四つに分けるポイントをみていきましょう。

3 リタイア後のお金① ふだん使うお金

▼リタイア後は生活費が減るもの

一般的に生活費は高齢になるほど下がっていきます。現役時代と同じ額がかかる想定をしてしまうと、過度に見積もることになり、結局は使い残す、ということにもなりかねません。

現役引退すると交際費が減るといわれています。スーツも買う必要がなくなりますし、ランチ代も削減できます。具体的にリタイア後の生活をイメージしてみてください。

リタイア後は大手キャリアから格安ＳＩＭにして通信費を月数千円節約するなど、影響のない範囲、ストレスにならない内容で、支出を見直してみるのもよいと思います。

ここでは簡易的に60歳時点より1割程度減る想定をしておきましょう。

たとえば60歳時点で生活費が30万円なら、リタイア後は27万円で、「ふだん使うお金」は約41万円（1・5カ月分）、となります。

4 リタイア後のお金② 使うかもしれないお金

▼介護費用は保険と運用で用意する手もある

第2章では、介護費用は600万円程度が平均像で、夫婦2人分なら保守的に考えて1200万円程度、少し低めにみて900万円程度を目安にする考え方もあると述べました。**80代前半では４人に１人が要支援１以上に認定されるので、ある程度の資金は用意しておいた方が安心です**。しかし長期間、預貯金に置いておくと、インフレリスクも気になります。そこで提案したいのが、民間の介護保険と世界株ファンドを併用しながら、80歳時点で６００万円程度の資金ができるよう、準備する方法です。

準備をはじめるのは60歳で、準備にかける金額は３００万円です。手元資金３００万円のうち、２１３万円を世界株ファンドに投資します。リスクがある世界株ファンドで介護費用を準備するのは不安と感じるかもしれませんが、過去の実績では、15年以上保有して世界株ファンドが元本割れしたことはありません。

残りの87万円は民間の保険会社などが扱う介護保険の保険料に充てます。ここではコープ共済の介護保険を例に考えます。

要介護２以上の状態になった際に介護一時金３００万円が支払われるタイプに加入した場合、60〜64歳では保険料が月額１０７０円、65〜69歳では１８００円などとなります。80歳になる前月まで加入した場合、保険料の合計は約87万円です。

加入中に要介護２以上の状態になった場合は、介護一時金３００万円を受け取ることができ、介護資金に充てることができます。短期では世界株ファンドが値下がりしているリスクもありますが、保険の場合、加入してすぐに要介護2以上になっても保険金が支払われ、安心です。

保険金の300万円を優先的に使っていき、資金が足りなくなったら、世界株ファンドを必要に応じて取り崩し、使っていきます。

世界株ファンドには値動きがありますが、介護保険で一定の額を確保しておけば、いざというときに介護資金がないという事態を避けられます。

なお、統計的に70歳未満で要介護状態になる割合は低いため、介護保険には65～70歳くらいで加入するという選択もあります。その場合でも、世界株ファンドへの投資は60歳など、早めに行う必要があります。早くはじめるほど運用できる期間が長くなり、リスクを抑えられるからです。

▼預金で寝かせるより運用した方が合理的

ちなみに、213万円を世界株ファンドに投資した場合、利回りが3%なら20年後には384万円、5%なら565万円、7%では824万円になっています。

ここでは80歳手前まで介護保険に加入する想定としていますが、もしも80歳時点で世界

■民間介護保険と世界株ファンドを併用した介護資金準備

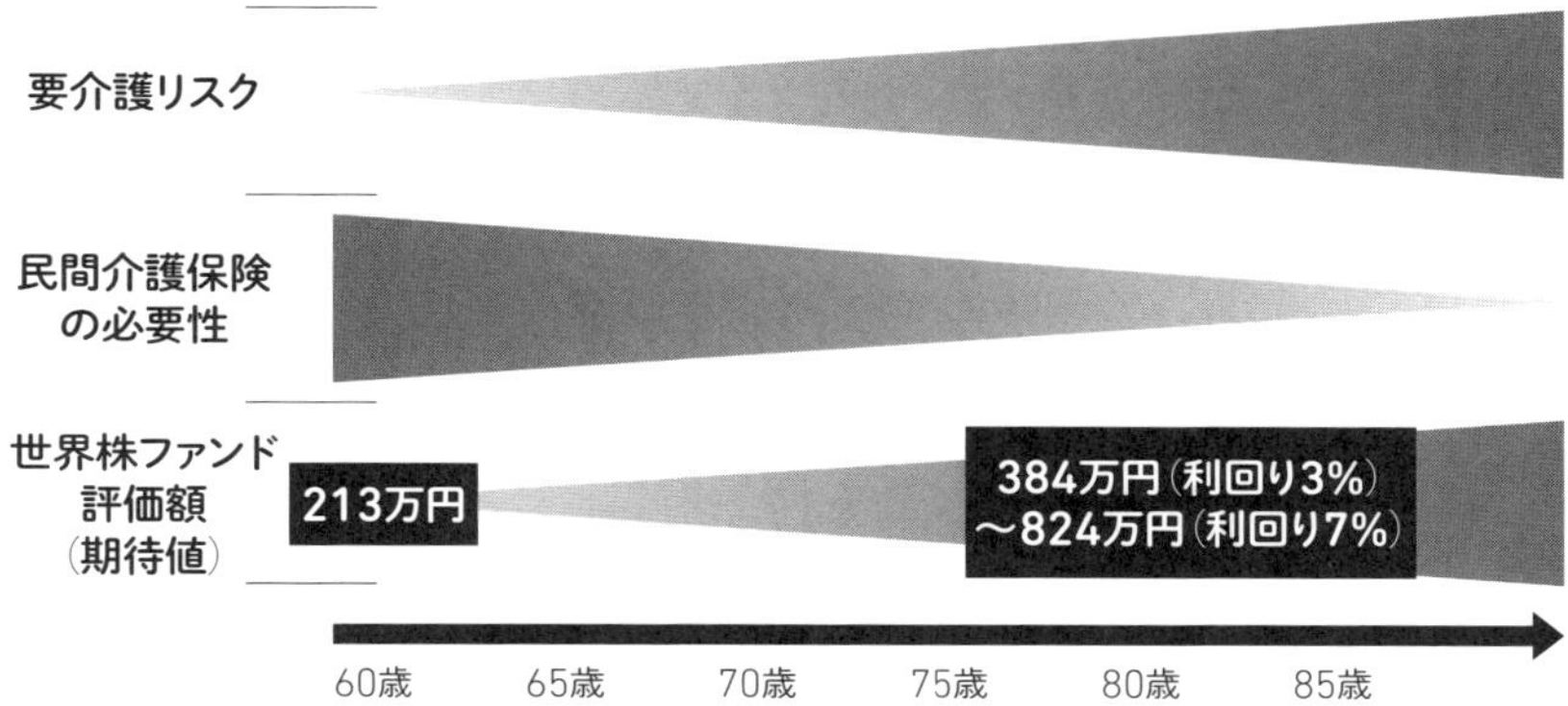

要介護になった場合の対応と、民間介護保険と世界株ファンドの取り扱い	要介護（2以上）になったら、介護保険の一時金を活用。足りない場合は、世界株ファンドを売却	要介護（2以上）になったら、介護保険の一時金を活用。運用次第だが、世界株ファンドの残高が十分大きくなっていたら、介護保険の解約も検討	世界株ファンドの残高で介護費用を賄えるようになっていると期待できる。運用次第だが、基本的には介護保険は解約

株ファンドの運用結果がよくない場合は、改善するまでの間、介護保険を継続する手もあります。そして**世界株ファンドの運用成績が改善したら、売却して預貯金や個人向け国債にお金を移します**。介護費用として準備したい額まで増えたら、介護保険は解約していいでしょう。

逆に、80歳より前の段階で世界株ファンドが十分に増えていたら、その時点で売却して、介護費用として預貯金や個人向け国債でキープし、介護保険を解約することもできます。

このような方法をとれば、介護

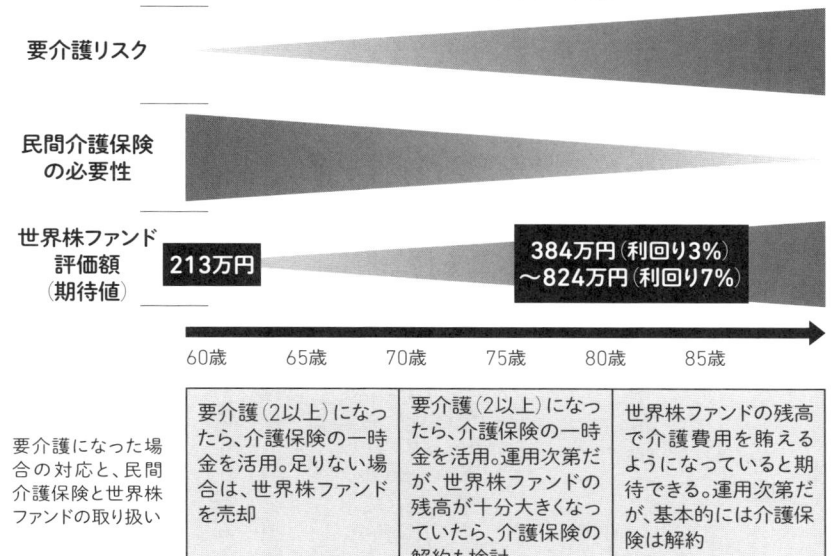

費用として準備しておくのは６００万円の半分の３００万円で済みます。しかもそのうち２００万円以上を世界株ファンドで運用するため、インフレリスクにさらされる心配もなくなります。

保険料というコストはかかりますが、要介護になれば保険金が受け取れますし、要介護にならなければ費用がかからず、どちらに転んでもＯＫでしょう。

３００万円、あるいは夫婦で６００万円を預金しておく＝寝かしておく、ということは、６００万円×５％（世界株ファンドで期待できる年平均リターンの目安）＝30万円を放棄している、言い換えると30万円コストを払っているともいえます。

預貯金に寝かせて年間30万円近いコストを払うのか、保険料として年1万〜2万円程度を払って保障を確保し、手元の資金を世界株ファンドで運用するのか。検討する価値はありそうです。

▼医療費は生活費の中から支払う

高齢期の医療費は平均で年間１００万円を超えますが、自己負担額は平均で年９万円以下です。それくらいの額であれば基本生活費の中から捻出できそうです。

恒常的にかかる医療費は基本生活費の中に組み込んでおけばいいし、金額がかさんだときは、体調不良でレジャー費などがかからないことになるので、支出全体には大きく影響しないとも考えられます。あまりに負担が大きければ、介護費用として準備しているお金を充当することもできます。それでは心配な方や、入院は絶対に個室を希望するという方は、安心できる額を確保しておいてもいいでしょう。ただし、預貯金に置く場合にはインフレリスクがあることも念頭に置いてください。

▼リフォームや車の買い替えも必要に応じて想定

自宅のリフォームや車の買い替え資金なども確保するかどうかは難しいところです。というのも、確保しておけば安心なようにみえる一方、預貯金などで確保する額が多くなるほど、インフレに対して負けてしまう可能性も高くなるからです。その意味では、あまり保守的になりすぎるのも良くないのです。

基本的な考え方としては、修繕や車の買い替え時期が数年以内に迫っているならその資金を「使うかもしれないお金」に入れておき、そうでない場合は運用に回し、必要なタイミングで売却して使うのも一案です。基本的には、運用して、実際に使うタイミングを見ながら安全性の高い資金にシフトさせていくといいでしょう。

5 リタイア後のお金③ プールしておくお金

▼使うお金を確保しておけば安心して投資できる

「プールしておくお金」として5年分程度のダム資金を確保しておきます。

詳しくは後述しますが、「運用し続けるお金」の額と、取り崩す年数、想定する利回りなどから定期的に取り崩す額を決め、その金額を年金などの収入に加えて使っていきます。

その取り崩す金額の5年分(60カ月分)を、ダム資金としてプールしておくのです。

たとえば運用し続けるお金が1000万円、取り崩す期間を20年とした場合、想定する利回りが3%なら毎月約4万8000円、5%なら約5万2000円を取り崩すことができます(詳しくは202ページの表参照)。その5年分を「プールしておくお金」として確保します。利回り3%では、5年で288万円です。

なぜ5年分かというと、過去の実績をみると金融市場になんらかのショックが起きても、5年待てばマーケットがほぼ回復してきたからです。

たしかに、ITバブル崩壊やリーマンショック、そしてコロナショックが起こった際には株価が大きく下落しました。しかし、5年経っても株価が全く戻らなかったということは、過去にはほとんどありません。したがって、5年分を確保しておけば、マーケットが下がってもお金を使い続けることができる、というわけです。5年の根拠については第5章で改めて解説します。

介護準備金や5年分程度のダム資金をしっかり確保しておくこと、またなんらかのショックが起きても、5年程度あればほとんどの場合、マーケットが回復することを知っておけば、運用のハードルは下がるのではないでしょうか。

6　一括で投資するか、積立投資がいいか

▼まとまったお金も積立投資が現実的

定年を迎えて退職金を受け取った方からは、「65歳まで働く予定だが、60歳の定年時に

退職金を2000万円受け取った。退職金は投資に回したいが、どうしたらいいか」といったご相談が多く寄せられます。

私からは、65歳までは給与で生活できるか、住宅ローンはまだ残っているかなどをお聞きします。それは、退職金のうち、すぐに使う可能性があるのはいくらくらいかを知るためです。お話を伺って、「少なくとも1000万円は預金で持っておいた方がよく、1000万円程度は投資に回しても大丈夫そう」などとお答えすることが多いです。

さらに、**投資経験がほとんどない方が1000万円を投資する場合には、3〜5年程度の時間をかけ、時期を分けて投資していくよう提案しています**。20年、30年かけて積立投資をしていくのは合理的ではありませんが、だからといって一括で投資するのはタイミングのリスクも伴うからです。これから投資をはじめていく方は少し慎重に、5年かけて積立投資という方法がいいと考えています。

一方で、投資に慣れている方の中には、せっかく投資できるお金があるのに数年も寝かせておくのはもったいないと考える方もいるでしょう。

たとえば55歳時点で投資できるまとまったお金があり、使いはじめるのは早くても65歳など、10年以上運用できる時間がある場合には、一括で投資するのもいいと思います。

▼一括と積立で利回りはさほど変わらない

172ページの図は「MSCI ACWI(全世界株式インデックス)」に積立投資をした場合、利回りがどうなったかを分析したものです。1987年12月スタート、1988年1月スタート……と1カ月ずつずらして同インデックスの過去の実績を使って試算しているので、オルカンに投資していたらどうなっていたか、かなりリアリティをもってみていただけると思います。

積立期間が5年、10年では利回りがマイナスになることもありますが、**積立期間が15年となるとほとんどの場合プラスのリターンになっています**。

さらに20年間積み立てると、すべてのケースでリターンがプラスになっています。

もう一つの図(173ページ)は、一括投資について検証したものです。

一括で投資した場合、保有期間5年では積立投資に比べてマイナスの頻度が高いのがわかります。

10年間保有した場合ではマイナスになる頻度は積立投資より少しよいくらいです。

さらに保有期間15年、20年では、リターンがすべてプラスになっています。20年になる

積立投資の場合

●投資期間5年の利回り分布

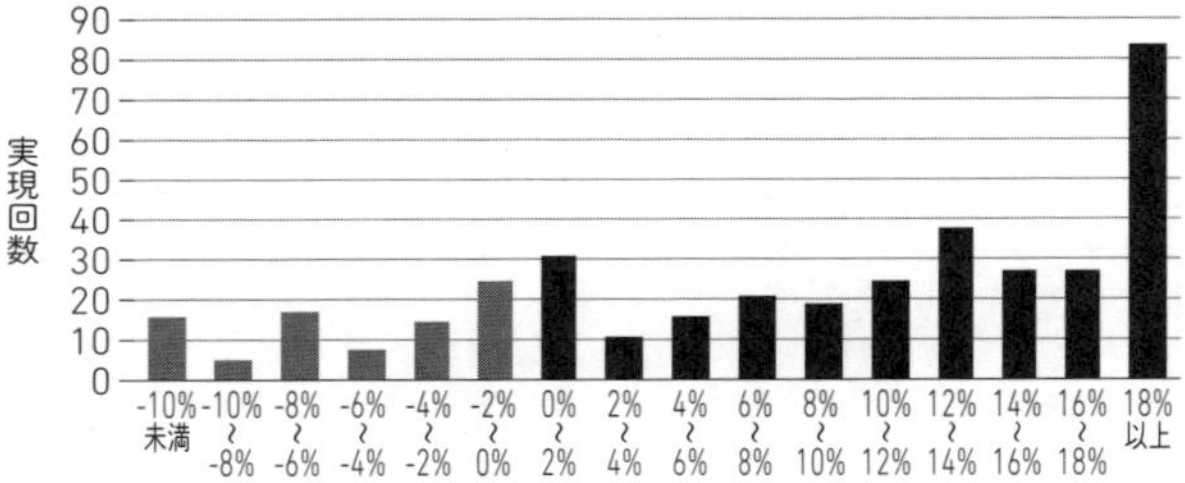

●投資期間10年の利回り分布

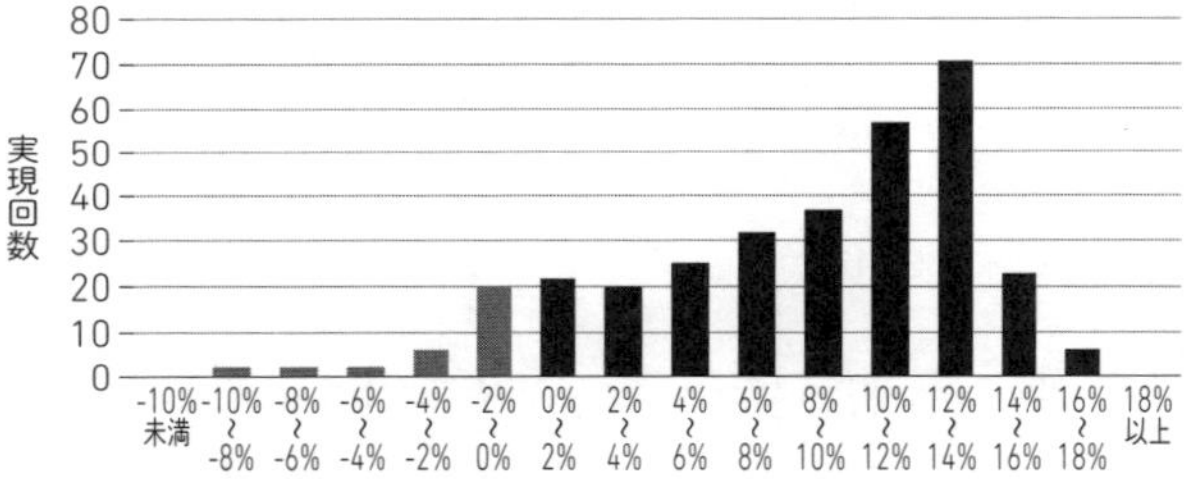

●投資期間15年の利回り分布

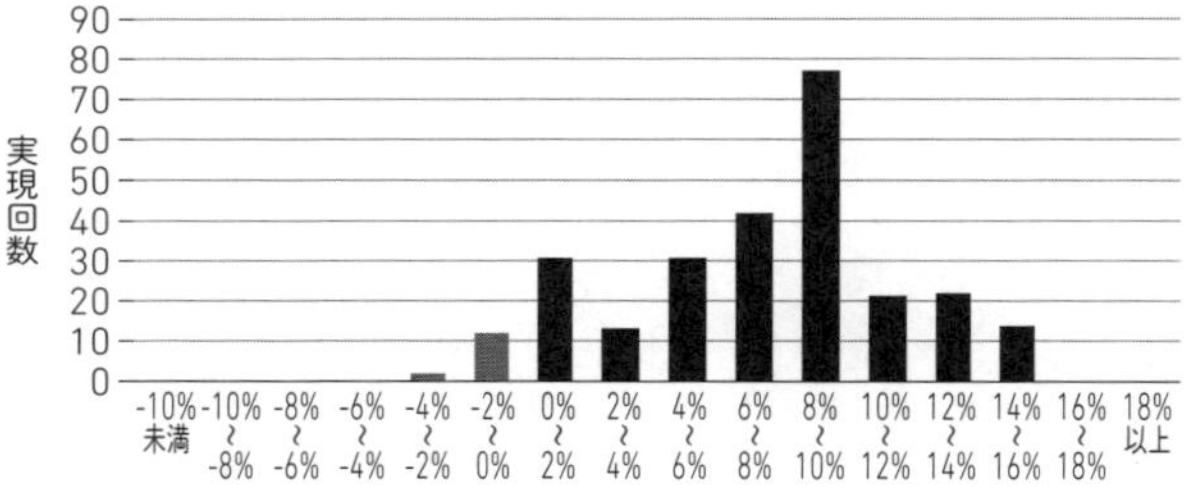

●投資期間20年の利回り分布

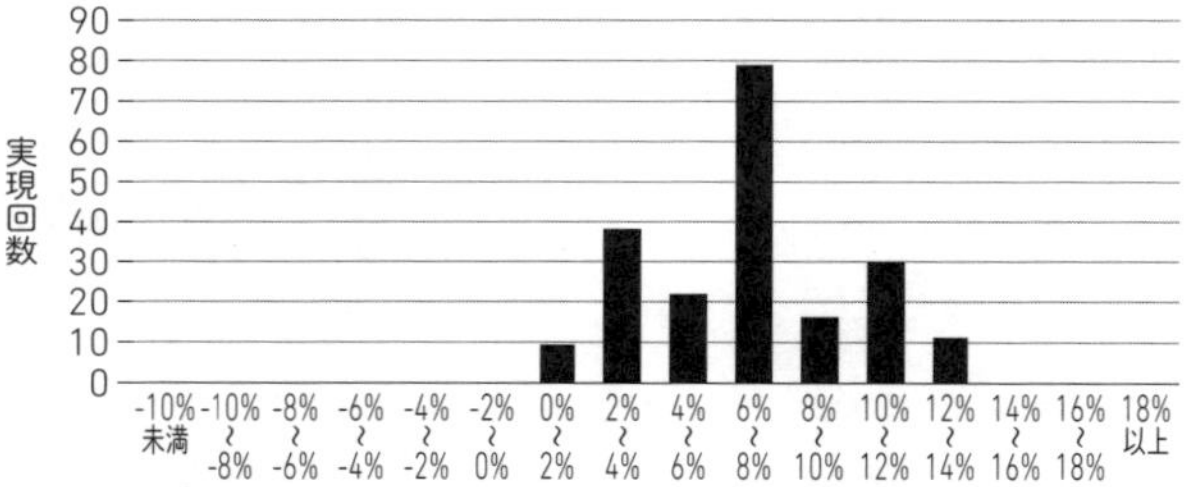

出所：MSCI Inc. ACWI Gross JPY（1987年12月～2024年12月）を対象に筆者が分析。信託報酬などのコストは考慮せず

一括投資の場合

●投資期間5年の利回り分布

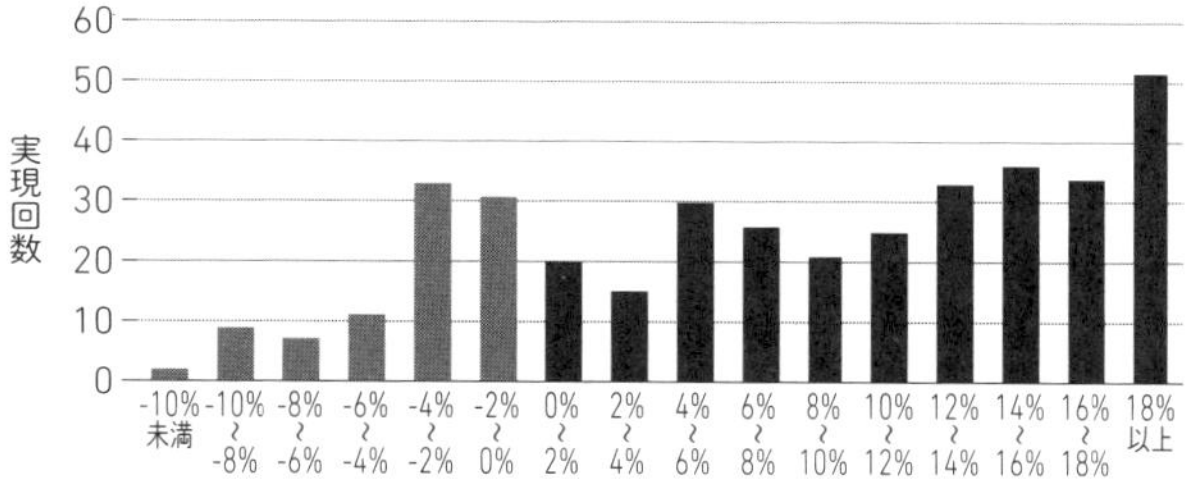

●投資期間10年の利回り分布

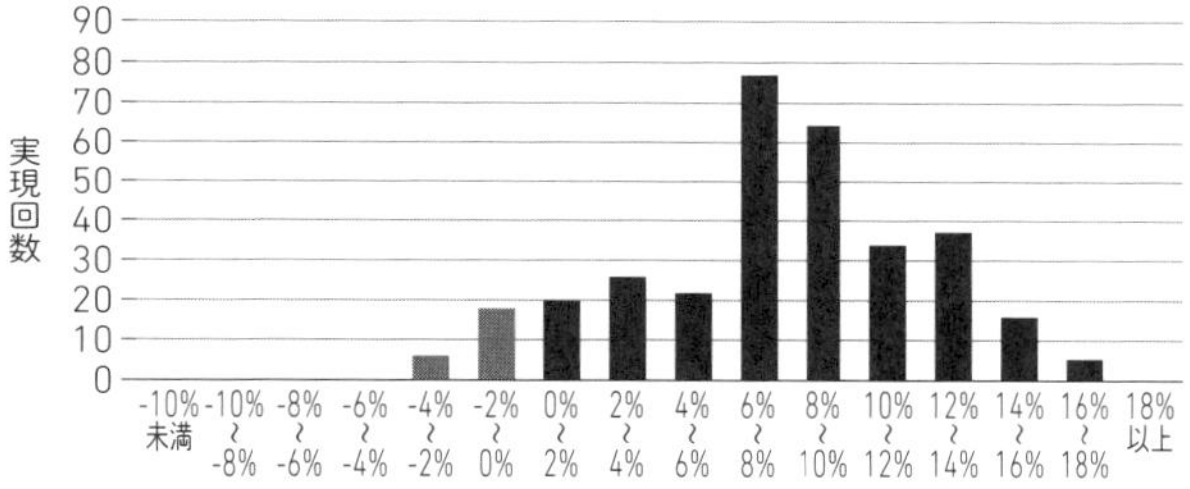

●投資期間15年の利回り分布

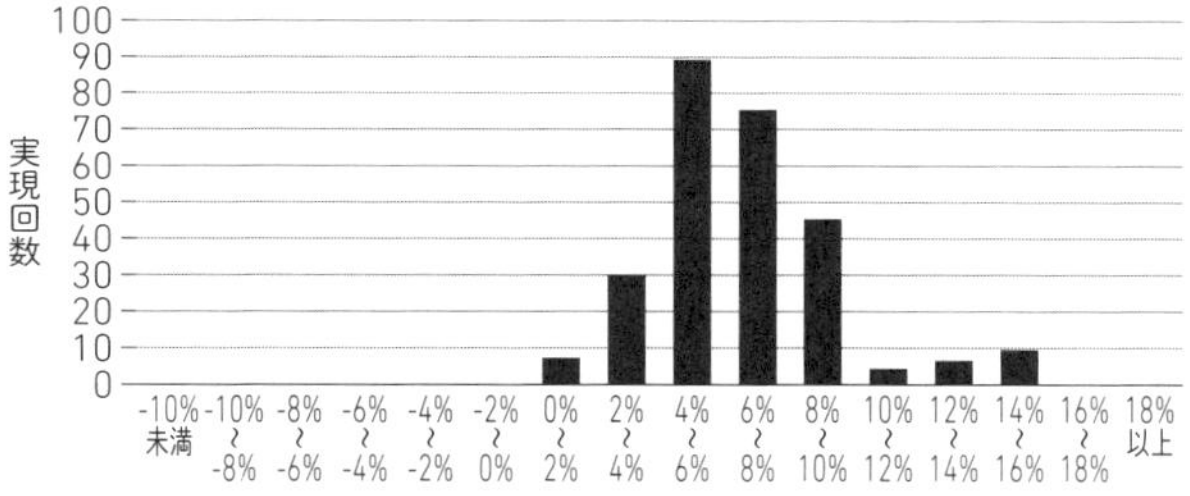

●投資期間20年の利回り分布

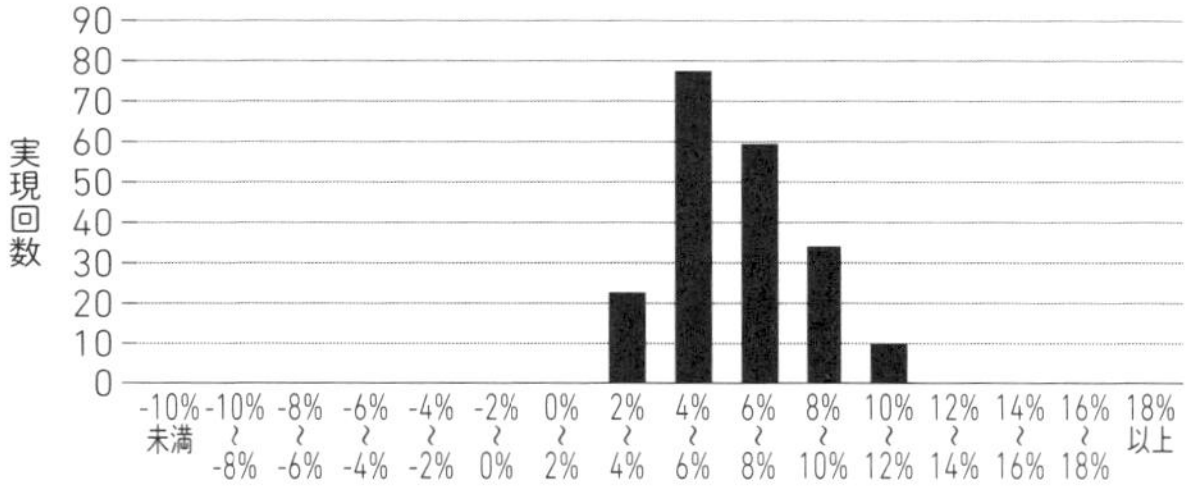

出所：MSCI Inc. ACWI Gross JPY（1987年12月〜2024年12月）を対象に筆者が分析。信託報酬などのコストは考慮せず

とどんなに悪くても2％以上のレンジになっており、一括投資でも長期であれば利回りが安定してくることが確認できます。

▼5年間積立投資して保有を継続すると……

では、5年間積立投資し、その後、保有を続けるとどうなるでしょうか(175ページの図)。

5年間積み立てたあと5年間保有、10年保有では一部マイナスになるパターンがありますが、ごくわずかです。

15年保有ではどんなに悪くても利回り2％以上になり、ほとんどが4％以上の高い利回りが期待できます。

あくまで過去の実績ですが、**60歳でもらった退職金の一部を5年間に分けて積立投資して70歳まで保有すれば、大部分はプラスになっていた**ということです。

5年積立+保有の場合

**●投資期間
5年積立+5年保有
利回り分布**

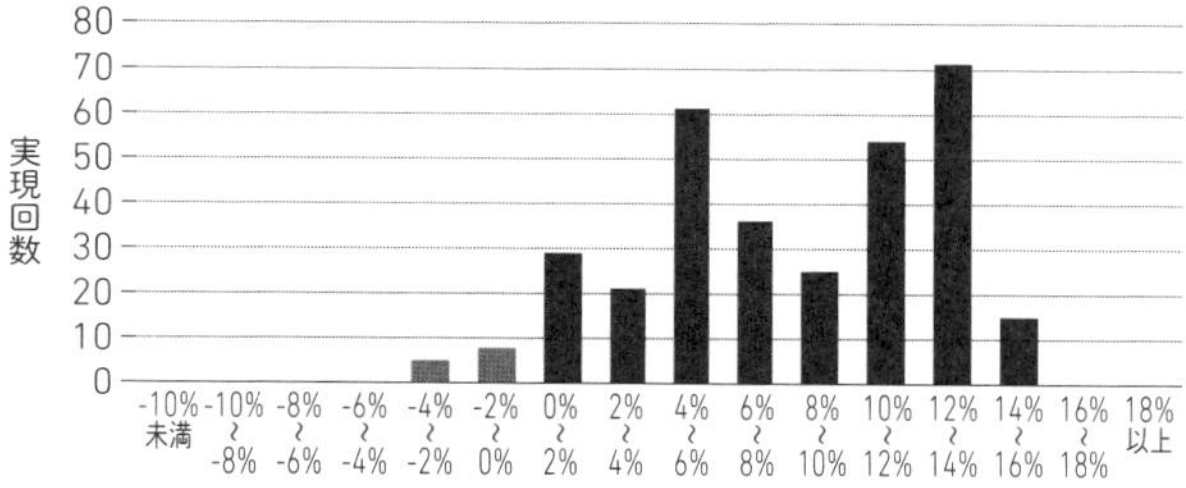

**●投資期間
5年積立+10年保有
利回り分布**

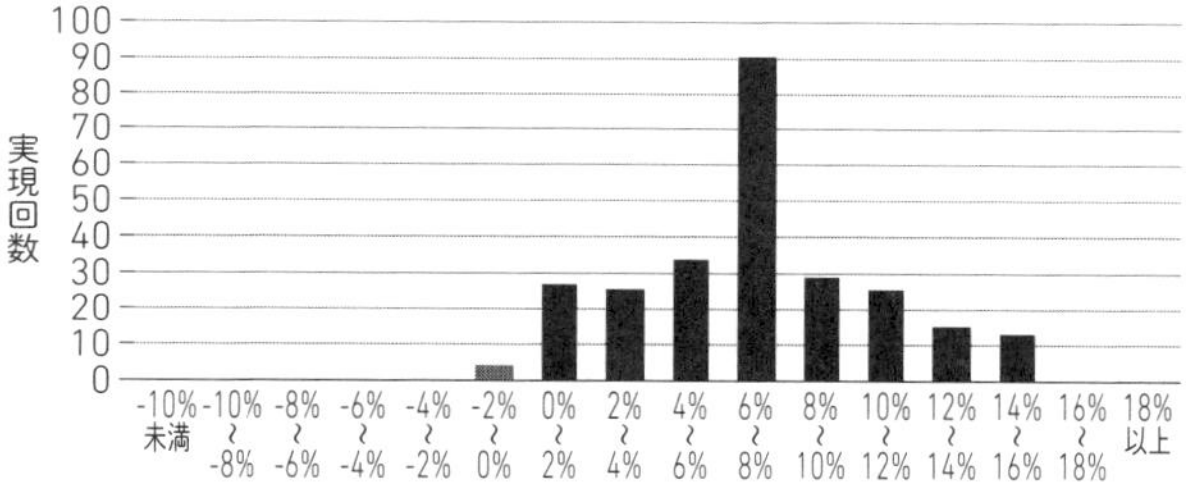

**●投資期間
5年積立+15年保有
利回り分布**

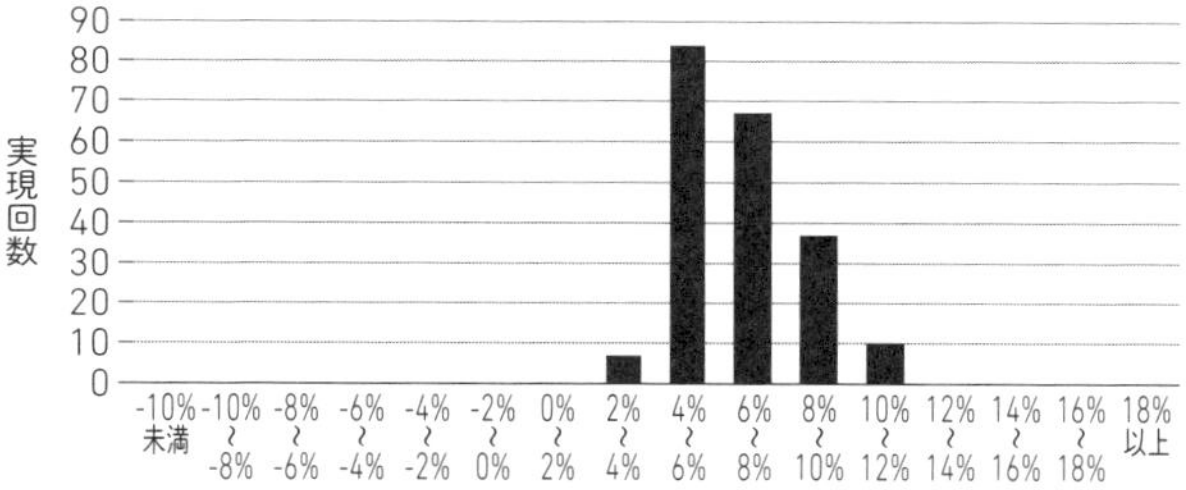

**●投資期間
5年積立+20年保有
利回り分布**

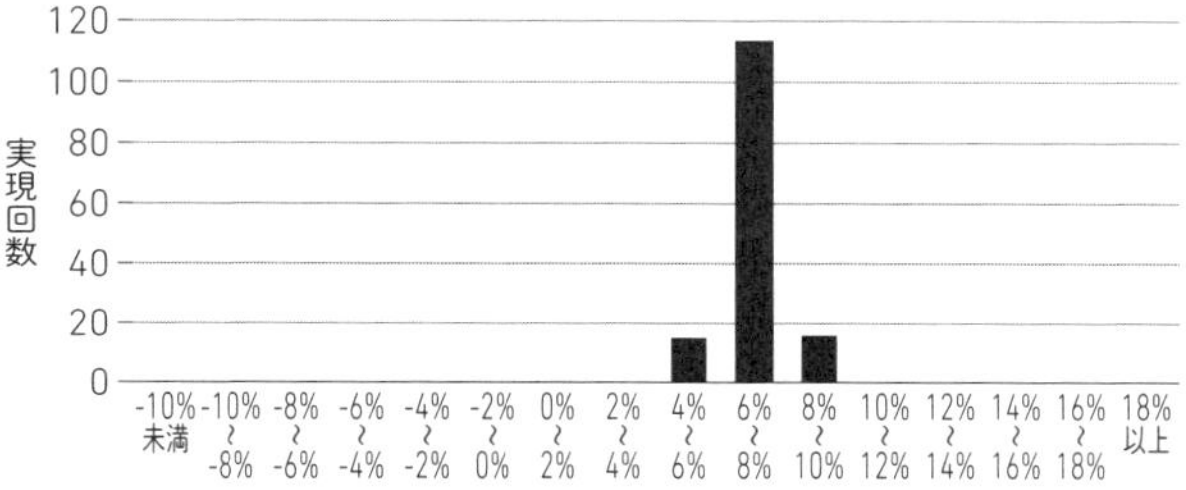

出所：MSCI Inc. ACWI Gross JPY（1987年12月〜2024年12月）を対象に筆者が分析。信託報酬などのコストは考慮せず

7 下がったときは売らずに回復を待つ

▼5年または10年以内に使うお金は投資しない

とはいえ、タイミングによってはマイナスになる可能性があります。

しかし先にみたように保有期間が長くなるほどマイナスになる確率が低くなりますから、そのまま保有を続けていればプラスに回復すると考えられます。

このことからも、70歳以降、75歳以降など、ある程度先に使う予定の資金は投資に回しておけばよく、5年以内、慎重に考えるなら10年以内に使う可能性がある資金は投資しない方がいい、ということになります。

使う時期が近いお金は投資に回さず、預貯金や個人向け国債など、円建て元本保証の商品に置いておくといいでしょう。

▼下げ相場で売らなければ損にならない

マイナスになってしまった場合にプラスになるまで保有を続けるためには、「下がったときには解約しないでプラスになるのを待てる金額を投資しておく」ことが大切です。

下げ相場になると、何百万円も損したなどの話が出てきますが、それは、「下がったときに売ったから損をした」のです。**下がっているときに売らなければ実際には損は確定しません**。とくに老後資金の運用では、１０００万円でも、数百万円でも、投資した額のすべてを一気に使うわけではありませんから、下がっているときに全額売る必要がなく、使う分だけ売って、あとはそのまま持っていればいいのです。

金融機関の営業マンから、「下がっているものには見切りをつけて売却し、そのお金で別の投資信託に投資した方がいい。いい商品をご紹介します」などといわれ、すべて売って損を確定させてしまった例もあります。そんな必要はないことを理解しておきましょう。

▼世界株ファンドなら損切りの必要はない

いったん下がると、その後も下がり続けるのではないか……と不安に思うかもしれませんが、幅広く分散できる世界株ファンドなら、その心配が限りなく小さいといえます。

株式投資(個別銘柄)では、業績の回復が見込みにくいなどで株価が回復しないケースもあり、見極めが必要です。また投資信託には、特定のテーマで運用されるテーマ型というタイプがあり、それも回復しにくい場合があります。ＩＴ、オリンピック、ＥＳＧなど、テーマが盛り上がっているときに運用がはじまると、高値で投資しているケースがありますし、テーマへの注目度が下がると株価が下がってしまうことがあるからです。

対して時間とともに回復が期待できるのが、世界株ファンドです。

特定の企業では回復しない可能性もありますが、世界株ファンドなら、世界経済が回復すれば上昇に転じることが期待できます。損切りする必要はありません。

8 投資を支援する制度で実質リターンを高める

▼どの制度で投資するか

ここからは具体的な投資の方法をみていきましょう。

まず考えたいのが、どのような制度を使って投資するかです。

ＮＩＳＡをはじめ、ｉＤｅＣｏ、企業型ＤＣなど、さまざまな制度がありますが、優先順位を考えるうえで知っておきたいのが、**「アセット・ロケーション」**という考え方です。

「アセット・アロケーション」とは、預金、株式、債券、リートなど、それぞれにどの程度の割合で投資するかを決めるものです。資産配分ともいいます。

対して**「アセット・ロケーション」（資産の置き場所）は、資産をどの口座に置くかです**。預金や証券会社の特定口座は、利息や利益に税金がかかる「課税口座」ですが、企業型ＤＣやｉＤｅＣｏ、ＮＩＳＡといった非課税口座（税制優遇口座）もあります。

預金のようなリターンが低いものは利益もわずか＝税金もわずかですから、課税口座に置いても影響は小さいといえます。対して株式やリートなど、高いリターンが見込まれるものは非課税口座（税制優遇口座）に置いた方が税引後の利益が大きくなり、合理的です。

▼アセット・ロケーションは実質リターン（手取り）に影響する

アセット・ロケーションはどのくらいリターンに影響するのでしょうか。

《ケース1》《ケース2》とも、アセット・アロケーションは預金50％（100万円）、株式50％（100万円）ずつ、利回りは預金0・1％、株式が5％と仮定します。具体的にみていきましょう。

《ケース1》

預金を課税口座、株式を非課税口座に置く／1年間の利回り……2・54％

《ケース2》

株式を課税口座、預金を非課税口座に置く／1年間の利回り……2・05％

リスクの取り方であるアセット・アロケーションはまったく同じでも、株式を非課税口座に置いた場合の1年間の利回りは2・54％、預金を非課税口座に置いた場合は2・05％と、**どう配置するか（アセット・ロケーション）で約0・5％の差が生じることになります**。

10年、20年、30年と、長期になるほど、その差は大きくなります。ハイリターンが望める株式は、税制優遇のある企業型DCやiDeCo、NISAを使うのが有利です。

▼運用資産全体でアセット・ロケーションを整える

アセット・アロケーションとアセット・ロケーションについて、もう一つ大事なポイントがあります。

それは、課税口座、非課税口座／税制優遇口座、それぞれで決めたとおりのアセット・アロケーションにするのではなく、運用資産全体でアセット・ロケーションを整える、ということです。

たとえば金融資産１０００万円を、預金70％、株式30％を前提として運用するケースについて考えてみましょう。税制優遇口座（確定拠出年金）の上限は３００万円と仮定します。

《ケース１》

預金、株式それぞれを、課税口座、税制優遇口座のそれぞれで同じ割合で配置

課税口座…預金４９０万円・株式２１０万円

税制優遇口座…預金２１０万円・株式90万円

《ケース２》

預金、株式を税制優遇口座に優先的に配置

課税口座…預金700万円
税制優遇口座…株式300万円

《ケース1》では、税制メリットがある口座にリターンの低い預金を210万円置くことになり、税制メリットを効果的に活かすことができません。また期待リターンが高い株式を210万円も課税される口座に置くと、リターンに20%の税金がかかります。

一方、《ケース2》では、税制優遇口座の上限(300万円)一杯に株式を置いて、税制メリットをフルに活用します。そして預金700万円は課税口座に置きます。

《ケース1》では税制優遇口座には株式が90万円しか置かれませんが、《ケース2》では300万円置きますから、《ケース2》の方が税制メリットは大きくなるわけです。

アセット・アロケーションを決めたうえで、ハイリターンが期待できる資産を優先的に税制優遇口座(非課税口座)に配置することが重要というわけです。

ここでは税制優遇口座(確定拠出年金)を例にしましたが、NISAを利用する場合も同様です。

なお、確定拠出年金(DC)の使い方について、50代以降は元本保証のある預金商品などの割合を増やしてリスクを抑えよう、というアドバイスをみかけることがあります。しかし、預金やリターンが低い債券を確定拠出年金口座で持ってしまうと、せっかくの税制メリットが存分に利用できません。「アセット・ロケーション」の観点からいえば、税制優遇口座では株式のように高いリターンが期待できる資産を持った方がいいのです。税制優遇口座（非課税口座）をしっかり活用することで、全体のリターンを高めることができます。

▼ＮＩＳＡなら１人１８００万円の投資が非課税

ＮＩＳＡとは、リターン（配当、分配金、売却益）が非課税になる制度です。

通常、株式や投資信託に投資し、売却して値上がり益を得たり、配当金や分配金を受け取ったりすると、利益に対して20％の税金がかかりますが、ＮＩＳＡでは税金がかかりません。１００万円投資して50％値上がりすると利益は50万円で、その20％・10万円が税金としてかかります。しかしＮＩＳＡでは50万円全額が残り、10万円分の得になります。実質的なリターンが大きく変わってきますので、非課税であるＮＩＳＡはしっかり活用しましょう。

ＮＩＳＡには成長投資枠とつみたて投資枠があります。

つみたて投資枠では国が指定した投資信託（おもにインデックスファンド）やＥＴＦを積立投資でき、年間１２０万円まで投資できます。

成長投資枠では上場株式や投資信託などに投資でき、年間の上限は240万円です。

両方を合わせて1人1800万円まで(うち成長投資枠は1200万円まで)、生涯、非課税が続きます。いつでも売却が可能で、売却すると翌年には投資枠が復活し、再度、投資ができます。

NISAについては拙著『新しいNISA　かんたん最強のお金づくり』(河出書房新社)で解説しています。

▼利益が非課税かつ所得税も軽減されるiDeCo

iDeCoとは、毎月掛金を拠出し、自身で選んだ商品で運用していく私的年金制度の一つです。商品は運営管理機関が揃えた投資信託、保険商品、定期預金などから選択します。最長65歳(70歳まで引き上げられる予定)まで掛金の拠出ができ、受け取りは60歳以降。基本的に老後資金準備を目的とする制度です。60代の方でも、厚生年金に加入して働けば、65歳まで積み立てができます。

手続きや税制がやや煩雑で、国民年金基金連合会や運営管理機関などへの手数料がかかります。

▼シンプルなＮＩＳＡか、所得控除のｉＤｅＣｏか

ｉＤｅＣｏは掛金が全額所得控除になることが大きなメリットで、掛金を拠出すると所得税と住民税が軽減されます。

将来受け取る際には課税の対象とされますが、年収が高い方の場合、現役時代に適用される税率が高いため、所得控除の軽減効果は大きく、所得が低くなった老後に低い税率で課税された方が税金の繰り延べという意味では有利になることがあります。

とはいえ、現役時代に税率が高い方(所得が多い方)は退職金や企業年金も充実していることが多く、リタイア後の税率も高めとなり、課税を繰り延べる効果が限定的になる可能性もあります。将来受け取る年金や退職給付が大きい場合は、受取時の税や社会保険料負担が大きくなるかもしれません。

またｉＤｅＣｏの運用益は一般的に非課税といわれています。しかし、現在は凍結されている特別法人税の凍結が解除されると、運用益ではなく、運用残高全体に毎年課税され続けることになります。この負担は小さくありません。

ＮＩＳＡの税制はいたってシンプル。**所得控除はありませんが、利益が期限なく非課税と、すっきりしています**。

個人事業主で年金が少ない、国民年金基金や小規模企業共済にも加入していない人はｉ

■税制面で有利な二つの口座

<table>
<tr><th></th><th colspan="2">NISA
（2024年～）</th><th>iDeCo
（個人型確定拠出年金）</th></tr>
<tr><td>対象者</td><td colspan="2">日本に住む18歳以上の人</td><td>20歳以上65歳未満（国民年金被保険者のみ）（任意加入被保険者である海外居住者も）</td></tr>
<tr><td>税制</td><td colspan="2">無期限で非課税</td><td>拠出時：拠出額が全額所得控除
運用時：非課税（特別法人税は凍結中）
受取時：退職所得控除、公的年金等控除</td></tr>
<tr><td rowspan="2">制度の利用</td><td colspan="2">NISA制度内で以下の二つの枠を併用可能</td><td rowspan="2">第1号被保険者の場合、掛金限度額は国民年金基金や付加年金と共有</td></tr>
<tr><td>つみたて投資枠</td><td>成長投資枠</td></tr>
<tr><td>投資対象商品</td><td>積立・分散投資に適した一定の投資信託（旧つみたてNISA対象商品と同様）</td><td>上場株式・投資信託等（①整理・監理銘柄②信託期間：20年未満、高レバレッジ型及び毎月分配型などを除外）</td><td>投資信託、保険商品、定期預金など
（プランごとに35本まで）</td></tr>
<tr><td>買付方法</td><td>積立投資のみ</td><td>通常の買付・積立投資</td><td>毎月掛金を拠出して積立
（年単位での拠出も可能）</td></tr>
<tr><td>年間投資枠</td><td>120万円</td><td>240万円</td><td>年間24万円
～81万6000円
（職業、企業年金の有無などによる）</td></tr>
<tr><td rowspan="2">非課税
保有限度額
（総枠）</td><td colspan="2">1,800万円
（生涯投資枠：簿価残高方式で管理）</td><td rowspan="2">特になし
（企業型DC等から移換可能）</td></tr>
<tr><td>売却すると翌年以降に再利用可能。また、2023年までのNISAとは別枠</td><td>1,200万円（内数）</td></tr>
<tr><td>売却可能時期</td><td colspan="2">いつでも可</td><td>スイッチング（商品変更）可能
受取は、60～75歳から一括/年金</td></tr>
<tr><td>その他</td><td colspan="2">金融機関によって、取扱商品数が異なっていたり、どちらか1つの枠しか利用できないことも。</td><td>•手続きや税制がやや煩雑
•国民年金基金連合会等への手数料</td></tr>
</table>

ＤｅＣｏを優先するのもよさそうですが、ややこしいのは面倒という人はシンプルなＮＩＳＡを優先しておけばよいのではないでしょうか。

▼専業主婦もｉＤｅＣｏ加入にメリットあり

専業主婦や専業主夫の方でもｉＤｅＣｏに加入でき、毎月５０００円以上、最大で年２万３０００円まで掛金を拠出できます。所得税を負担していない専業主婦の方は所得控除が利用できないため、ｉＤｅＣｏをやっても意味がないという声もありますが、そうとは限りません。

運用益が非課税になるメリットは受けられますし、いずれ仕事をはじめる方ならほかにも利点があります。ｉＤｅＣｏに加入しておけば、退職所得控除の加入期間として年数が加算されていくことです。

55歳から会社員復帰して65歳まで働く場合、55歳にｉＤｅＣｏに加入すると10年間の退職所得控除は４００万円ですが、45歳から加入しておけば、加入期間は20年となり、退職所得控除額は８００万円となります。

退職所得控除を大きくするために、掛金の下限である月額５０００円だけでも加入しておくという選択肢もあるでしょう。

▼ＮＩＳＡの成長投資枠とつみたて投資枠をフル活用する

ＮＩＳＡにはつみたて投資枠（年間１２０万円まで）と成長投資枠（同２４０万円まで）があり、両方を併用できます。

たとえば現役世代で、投資できるお金が１０００万円あり、ほかに毎月5万円を積立投資できるとしましょう。

まず毎月の５万円はつみたて投資枠を使って投資します。つみたて投資枠は年間１２０万円が上限なので、残り60万円の枠を使って60万円分残るので、１０００万円からも60万円を積み立てます。さらに２４０万円を成長投資枠で投資します。

この方法により、１年間で上限の３６０万円まで投資でき、４年以内に手元資金１０００万円の投資が完了します。

一方、相続などでまとまったお金が入ったけれど使う時期まで10年くらいある、といった場合にはＮＩＳＡで一括投資するのもありです。

１０００万円を例に考えてみましょう。

ＮＩＳＡで投資できるのは最大で年間３６０万円なので、２４０万円は成長投資枠で一括投資、１２０万円はつみたて投資枠で1年かけて投資します。そして、残りの６４０万円は特定口座(課税口座)で投資します。課税口座にはなりますが、とにかく1000万円を投資した状態にするのです。

1年経ったら、プラスになっているかマイナスになっているかにかかわらず、特定口座から360万円分を売却してNISAで買い直します。そういう形で最短で課税口座の資金を毎年一部売却してNISAに移し、アセット・ロケーションを最適化していくのです。

ちなみに、投資できるお金が夫名義、妻名義と分かれていれば、それぞれがNISAを使うこともできます。ご夫婦で成長投資枠とつみたて投資枠をフルに使えば、年間の上限は720万円です。またNISAは1人当たり最大1800万円なので、**ご夫婦では3600万円まで非課税で投資できます**。

▼寝かせている預金からも積立投資ができる

Fさんご夫婦は、それぞれNISAやiDeCoで投資をしていました。それ以外に4000万円の預金があります。60歳で定年を迎え、65歳まで働くものの、収入が減るのでもう積立投資はできなくなる、といいます。これは大きな誤解です。

Fさんには4000万円の預金があるのですから、それを使ってNISAで投資すればいいのです。そう提案すると、「そういう発想もあるのですね」、と驚かれていました。

積立投資はその時々に入ってくる収入から行うものと思いがちですが、手元資金から積立投資をしてもいいのです。これは案外多くの人が気付いていないハウツーです。

▼長期投資なら投資するタイミングは気にしなくていい

相場は毎日変動します。タイミングは気にしなくていいのでしょうか。

答えは、「気にしなくていい」、です。

月1回の積立投資をすると、5年なら60回、10年なら120回投資することになります。ファンドの値段は変動しますから、高いときに買うこともあれば、安いときに買えることもあり、5年間や10年間で均《なら》される可能性が高いからです。

一括投資では1回の相場だけで決まってしまうので、タイミングが気になるとは思います。ただ気にしたところで上がるか下がるかはわかりませんし、前述のデータ（173ページ）でも見たとおり、10年保有すればほとんどの場合、リターンはプラスになっています。10年は売却しなくていい資金であれば、投資のタイミングは考えなくてもいいといえます。

そうはいってもタイミングが気になるという方は積立投資、あるいは、数回に分けて投資するなどの方法をとるといいでしょう。

▼積立投資や売却方法についての誤解

リタイアして収入がなくなり、積み立てる余力がない。だから売ってしまった方がいい、と考える方も少なくありません。積み立てを止めるともう増えないから持っていても意味がない、そう思ってしまうようです。

これも大きな勘違いです。

積立投資は、続けるから増えるのではなく、持ち続けていれば、世界経済の波に乗って徐々に成長していきます。目先でお金を使う予定がないのであれば、追加の積み立てをしなかったとしても、そのまま持ち続け、増えていくのを待てばいいのです。

また売ると決めたら全資産を売らなければならないと思っている人がいますが、それも誤りです。投資信託や株式などは、保有しているうちの一部を売ることができます。1000万円投資し、利益が出て1100万円になっていた場合、200万円必要になったら200万円分を売ればよく、残り900万円分は運用を続けられます。

そうした方法により、**運用しながら少しずつ使っていく、という活用ができるのです。**

▼価格が下がったときに積み立てを休んではいけない

積立投資では、安いときには多くの口数を、高いときには少ない口数を買い付けることになります。そうすることで、平均買付単価を抑える効果が期待できます。

しかし、誤った投資行動をとる人も少なくありません。

典型的な例として、価格が下がっているときに積み立てを休む人が挙げられます。「さらに下がると困るので、相場が悪いときは投資しない方がいい」と考えるようですが、大きな間違いです。

積立額が5万円で投資信託に投資する場合、1口5000円のときなら10口、1口4000円のときなら12・5口買うことができます。それが1口7000円に値上がりすると、10口では7万円になりますが、12・5口なら8万7500円になり、ぐんと増えます。つまり、価格が下がっているときに多く買っておくことで、値上がりしたときのリターンが大きくなるのです。

また値段が高い、安いなど、相場の変動を気にしていると、なかなか買うことができません。積立投資では値段を気にせずに淡々と買い続けることができ、その結果、保有口数が増えるというメリットもあります。相場の状況に応じて減額したり、増額したりせず、淡々と積み立てを続けましょう。

▼証券会社は定期売却ができるネット証券大手がおすすめ

証券会社もたくさんありますが、**老後資金を運用しながら取り崩して使うには、ネット証券大手の「楽天証券」か「SBI証券」がおすすめです**。

いずれもNISAやiDeCoが利用できるほか、商品の選択肢が広い、手数料が安いなどの魅力があり、加えて大きなポイントになるのが、定期売却ができることです。

定期売却とは、毎月自動的に資産を売却してくれるサービスのことです。

第5章で述べますが、リタイア後は、世界株ファンドに投資したお金を少しずつ取り崩して使っていきます。定期売却ができる証券会社なら、資産が自動的に売却され、その代金を取り崩して使っていくことができます。

ほかにもこうしたサービスを提供している証券会社はありますが、商品のラインナップや手数料など、総合的に考えると楽天証券かSBI証券の二択といっていいでしょう。

ネット証券は口座開設から売買まで基本的にすべてネットで完結でき、営業担当者からセールスされる煩わしさもありません。

口座開設時につまずきやすい注意点を挙げるとすると、口座開設の際、口座の種類を選択する必要がある点です。

投資で得た利益について自身で確定申告したい人以外は、「源泉徴収ありの特定口座」を選択しましょう。「源泉徴収ありの特定口座」なら、利益に税金がかかる取引をした場合に税金が源泉徴収され(自動的に差し引かれ)、自身で確定申告する手間がかかりません。

第5章

「増やしながら使う」賢い資産取り崩し法

▼運用で増やしたお金は有意義に使ってこそ意味がある

ここまで、60歳以降の収支の見通しをつけ、数年以内に使う予定のお金を守り、資産の一部を運用して増やしながら使うためのメソッドを紹介してきました。

その目的は、お金の不安がなく、満たされていると感じる「ファイナンシャル・ウェルビーイング」の状態をつくり、築いてきた資産やこれから増えていく自由な時間を有意義に使っていく「ウェルスペント」を実行していくことです。

リタイアを控え、お金を守ることばかり考え、使う楽しさを忘れていませんか？あるいは少しでも増やそうと、不適切な投資をはじめようとはしていませんか？

それではいつまで経っても、お金に縛られる人生、お金に振り回される人生です。

趣味を楽しむ、世界を旅する、二拠点生活を実現させるなど、人生を楽しむ方法はさまざまあります。学びを再開する、社会貢献するなどで得られるものもあります。一方で、健康面の不安が生じて活動量が低下することも避けられません。そのとき後悔しないよう、存分にセカンドライフを楽しみましょう。

ここからは、運用によって増えたお金をどう使っていくか、その取り崩し方を解説します。適切な投資をして、その果実をしっかりと味わっていきましょう。

1　何歳から、何年で取り崩すか

▼働き方や企業年金の受給期間から考える

取り崩しをはじめる時期は、いつまで働くかや公的年金などをいつから受け取るかなど、ライフプランに応じて自由に決められます。

あなたが、60歳でリタイアするなら、60歳からの取り崩しも視野に入ります。あるいは65歳まで働き、その間は給与で生活できるようなら、取り崩しは65歳からでいいでしょう。「自分は60代の間は企業年金や個人年金などが受け取れるから70歳から取り崩す」という方はそれでもいいと思います。

投資する時期が早いほど、取り崩しをはじめる時期が遅いほど、長く運用することができ、増えていく可能性が高まります。ただし、あまりに先送りすると使う時期を逃してしまいかねないので、本書では65歳からの取り崩しを目安として考えます。

何歳まで取り崩すかについての一つの目安は平均余命です。平均余命をもとに60歳の方の平均寿命を計算すると男性83・7歳、女性88・9歳となります。保守的に取り崩し期間を長くとってしまうと、1年あたりの取り崩し額が小さくなってしまうため、結果的にお金が残ってしまうリスクが高くなります。生活費は年齢を重ねるごとに減っていく傾向があることも踏まえ、当初は85歳までの取り崩し期間を設定しておくのが一つの選択肢になります。65歳スタートなら85歳までの20年間になります。

後述しますが、世界株ファンドで運用すれば20年後にもお金が残っている可能性も十分あります。

▼年の差夫婦は取り崩し期間を2本立てにする

ご夫婦の場合には注意点があります。統計的には女性の方が長生きであり、加えて妻の方が年下である場合、夫が85歳まで取り崩す想定では、その後、妻が使えるお金が減ってしまう可能性があることです。

とはいえ、年上の夫が65歳のときから年下の妻が85歳になるまでの年数にしてしまうと、1年に取り崩せる額が小さくなってしまいます。そこで、年の差が大きい場合や、より慎重に考えたい場合には、期間を二つに分けて考えるのも手です。たとえば投資できる額が

1000万円なら、500万円は20年で取り崩し、残り500万円は25年で取り崩す、などです。20年経過後は取り崩せる額が少なくなりますが、いずれかが亡くなると生活費も医療や介護のお金も減りますので、大きな問題はないでしょう。

2　定額取り崩しがおすすめ

▼取り崩し方は定額、定率、期間指定の3パターン

取り崩しの方法には、**毎月一定額を取り崩す「定額」と、毎月一定の割合を取り崩す「定率」（時価の0・4%ずつなど）、10年、20年など、指定した期間で取り崩す「期間指定」があります**。

楽天証券ではいずれの方法も可能で、SBI証券は「定額」が可能であるほか、2025年中には「定率」も開始される予定です。

取り崩し方には、「定額がいい」「いやいや定率だ」など諸説ありますが、**私がおすすめす**

るのは「定額」です。

定率で取り崩す場合、今年は時価が1000万円で50万円取り崩せたものの、次の年は900万円に下がっていたので45万円しか取り崩せないなど、毎年ブレが生じます。

期間指定は、取り崩し期間を20年と決めたらその時点で保有している口数の20分の1を売却して、次の年は19分の1、その次は18分の1という形で取り崩していきます。この方法でも取り崩す金額は変化します。

定率や期間指定にもメリットはあるのですが、取り崩せる額に波があると、ある年は余裕があるので安心して使えたり、別の年は額が少ないので不安で使えなかったりと、使い勝手に難があります。**定額で取り崩すのが最もわかりやすく、安定してお金を使うことができる**。私はファイナンシャル・ウェルビーイング、ウェルスペントの観点から、定額取崩しをおすすめします。

3 実データも参考に取り崩す金額を考える

■利回り別の取り崩し可能期間と取り崩し総額

●1,000万円を毎月5万円ずつ取り崩していった場合（利回り別）

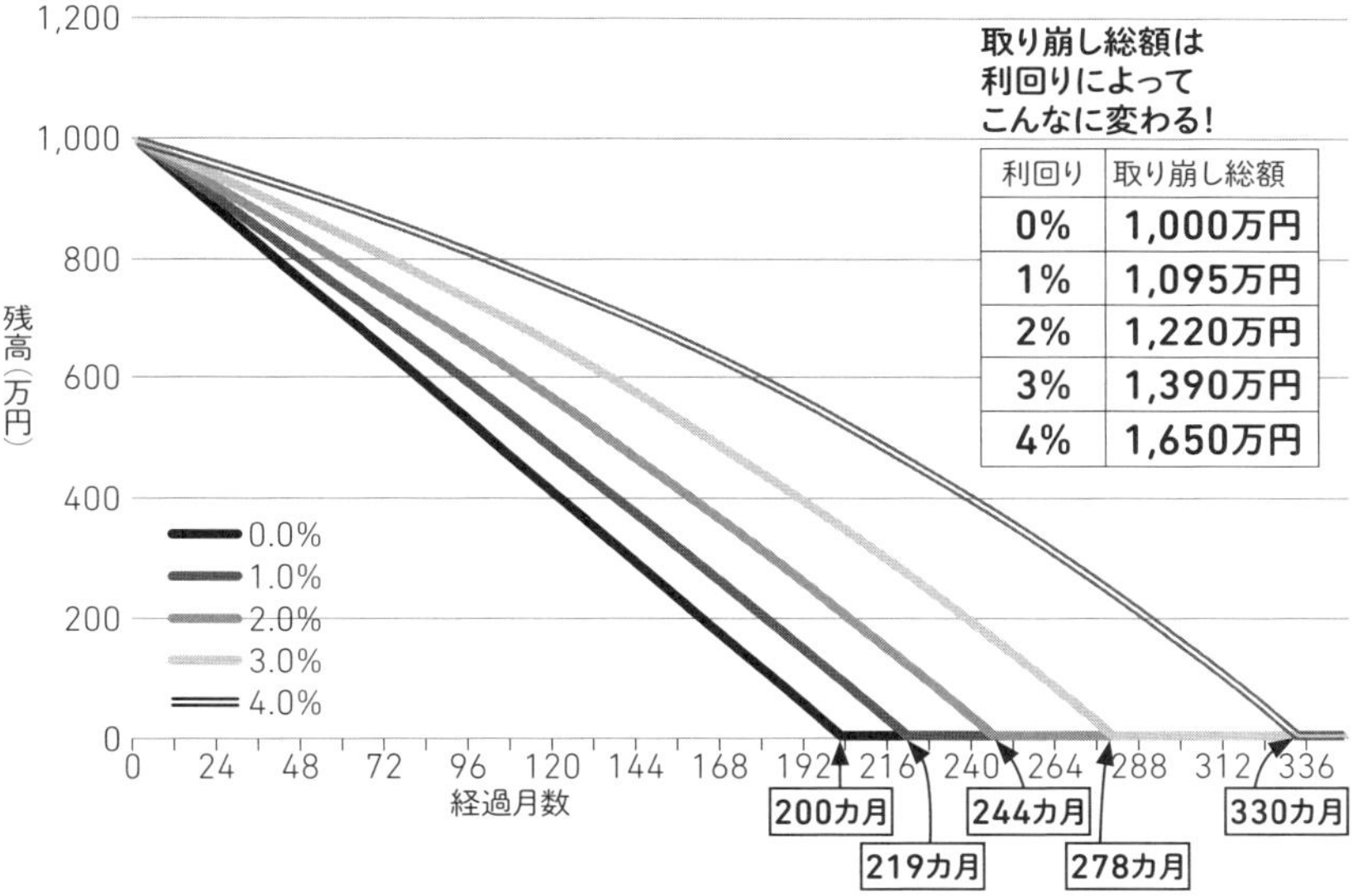

取り崩し総額は利回りによってこんなに変わる！

利回り	取り崩し総額
0%	1,000万円
1%	1,095万円
2%	1,220万円
3%	1,390万円
4%	1,650万円

▼運用した方が長い期間取り崩せる

ここで改めて、運用で増やしながら使うことによる効果をみておきましょう。

上の図は、１０００万円を毎月５万円ずつ取り崩したら何カ月もつかを計算したものです。

利回りが０％では２００カ月（16年８カ月）しかもちませんが、**利回りが４％なら３３０カ月（27年半）取り崩すことができます**。

利回りが４％の場合に取り崩せるのは、総額で１６５０万円にのぼります。元手が同じでも、運用によってお金が増え、それによっ

■「プールしておくお金」を確保する場合の
取り崩し期間・運用利回り別、1,000万円の取り崩し可能額（概算月額）

	15年［5年+10年］（180ヶ月）	20年［5年+15年］（240ヶ月）	25年［5年+20年］（300ヶ月）	30年［5年+25年］（360ヶ月）
0%	56,000円	42,000円	33,000円	27,000円
3%	60,000円	48,000円	41,000円	36,000円
5%	63,000円	52,000円	46,000円	42,000円
7%	66,000円	56,000円	51,000円	47,000円

■「プールしておくお金」と「運用し続けるお金」の計算方法
「ふだん使うお金」と「使うかもしれないお金」を確保した後の残り：**1000万円**
運用利回り：**5%**
取り崩す期間：**20年**

⇨1000万円あたりの取り崩し可能額は**5万2000円**（表参照）
➔5万2000円×5年分…**約312万円が「プールしておくお金」**
➔**残り688万円が「運用し続けるお金」**

て、長い期間、取り崩せるというわけです。

利回りが高い方がお金の寿命が延びるのです。

▼世界株ファンドで運用すれば多く取り崩せる

取り崩せる期間を一定にするとどうなるでしょうか。

上の表は取り崩す期間と運用利回り別にみた取り崩し可能額です。

1000万円を65歳から85歳までの20年間で取り崩す場合、利回り0%なら約4・2万円ですが、利回り3%なら4・8万円、5%なら5・2万円、7%なら5・6万円取り崩すことができます。

問題は運用によってどのくらいの利回りが期待できるかですが、全世界株式インデックスでは過去10年間の実績が年率12・８％、１９８７年からの37年では年率９・12％です（１２９ページ参照）。

あくまで過去の実績であり、今後も10％近い利回りが得られる保証はありませんが、２０２５年からの10年〜15年間では、年率５・２％程度が見込まれるという見方もあります（ＪＰモルガン・アセットマネジメントによる予測）。

なお、取り崩す期間と取り崩す額を決めると、「プールしておくお金」と「運用し続けるお金」の金額が明らかになります。

たとえば「ふだん使うお金」と「使うかもしれないお金」を確保した後の残りが１０００万円で、５％の運用利回りを見込み、取り崩す期間を20年とします。表をみると、１０００万円あたりの取り崩し可能額は５万２０００円です。この５万２０００円の５年分・３１２万円が「プールしておくお金」となり、残り６８８万円が「運用し続けるお金」となります。

５％で運用できた場合、15年間は「運用し続けるお金」から、あとの５年間は「プールしておくお金」から月額５万２０００円を取り崩すことができます。

▼実際のデータで20年の運用&取り崩しを検証

いくら取り崩すかについて、さらに具体的に考えてみましょう。

２０６ページと２０８ページのグラフは世界株ファンドへ投資して毎月一定額を取り崩す場合について、オルカン(指数)の実際の過去の運用実績で分析したものです。

少し複雑ですが、１０００万円を投資し、20年間取り崩した場合、残高がいくらになったかを試算しています。残高があれば、20年間取り崩せたうえにお金が残ったことになり、残高がマイナスなら途中で資金が不足したことになります。

１９８７年12月末時点(オルカン指数が誕生したとき)に１０００万円投資したとします。翌月オルカンは7・85%上昇し、１０００万円は１０７８・５万円になりました。ここで６万円取り崩すと１０７２・５万円になります。その翌月は6・35%増え、また６万円を取り崩す……ということを繰り返していくと、２４０カ月後に１９１６・８万円が残りました。

１４４０万円(６万円×20年)取り崩し、約１９１７万円残ったので、当初の１０００万円は３３５７万円に増えたことになります。

これが1988年1月末スタートではどうなったか、2月末スタートでは……など、スタート時期を1カ月ずつずらして試算すると、サンプル数(事例)は205になります。グラフの横軸にある金額は、20年取り崩したあとの残高、縦軸(実現回数)は、その残高になった回数を示しています。

▼毎月6万円、毎月5万円の取り崩しではマイナスになる可能性も

毎月6万円、毎月5万円取り崩す場合についてみていきましょう。

《毎月6万円・計1440万円を取り崩し》

毎月6万円ずつ20年間(240カ月)取り崩すと、取り崩し総額は1440万円です。20年後の残高がマイナスになったのが53回あります。これは、「オルカンで運用しながら毎月6万円ずつ取り崩していったら、お金が足りなくなった」ということです。

スタート時期が異なる205の事例のうち、53回で、確率は26%です。

とはいえ、20年後に0～1000万円が残った回数は86回あり、1000万～2000万円残った回数も58回など、6万円の取り崩しを実現できている回数の方が、取り崩せなかった回数を上回っています。

■当初1,000万円を毎月6万円取り崩した場合 取り崩す総額：1,440万円

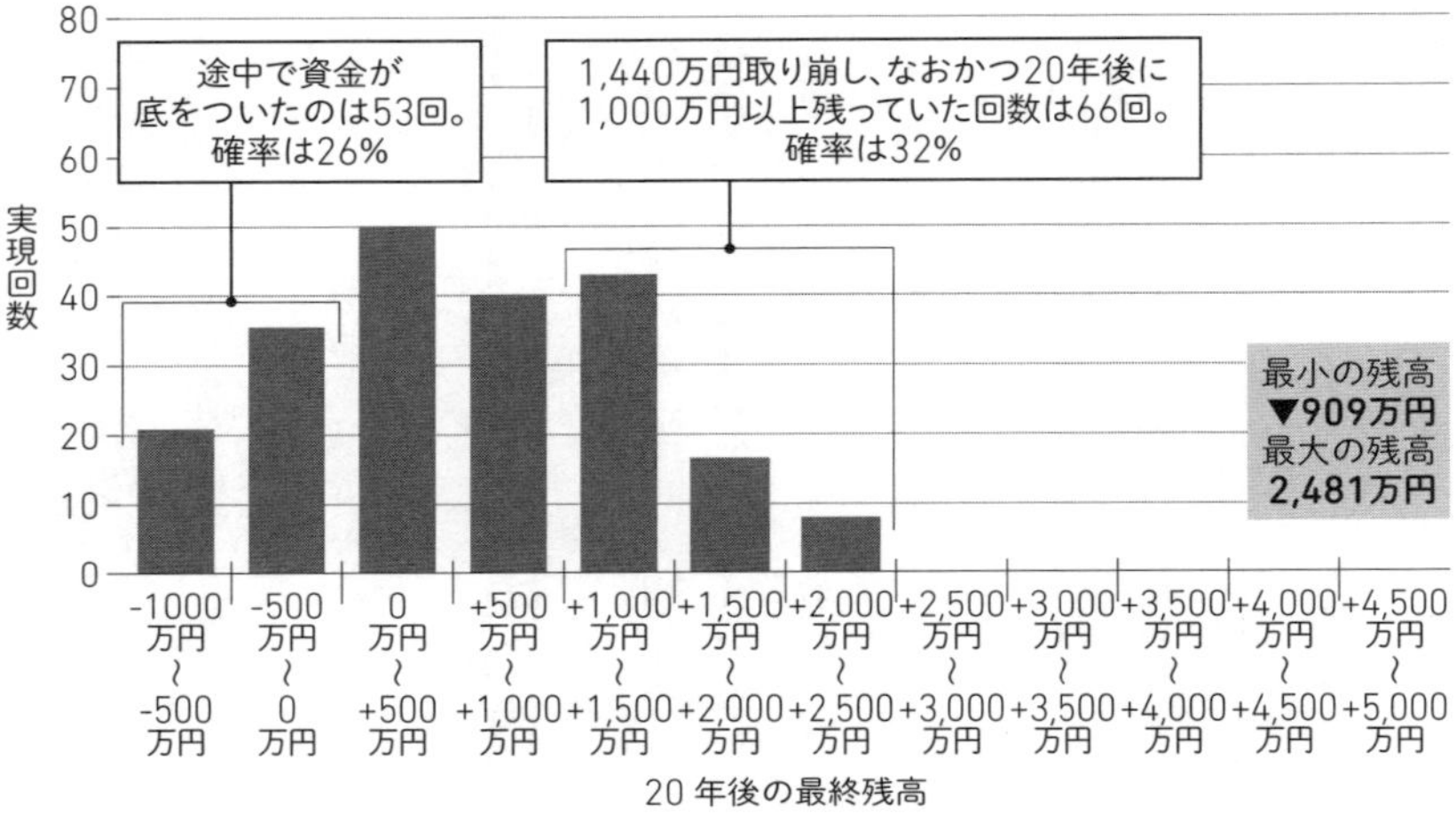

■当初1,000万円を毎月5万円取り崩した場合 取り崩す総額：1,200万円

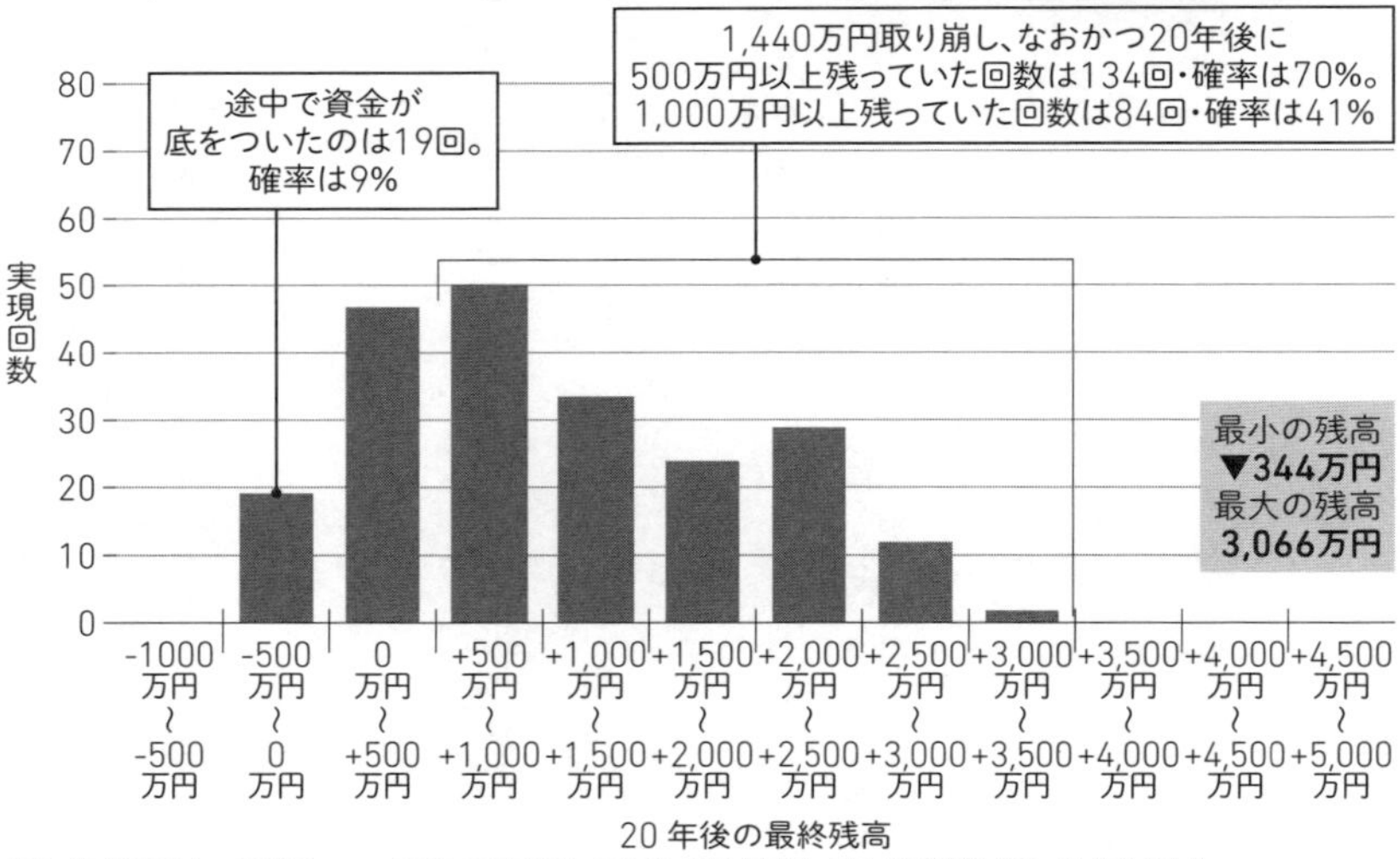

出所：出所:MSCI Inc.ACWI Gross　JPY（1987年12月〜2024年12月）を対象に分析。信託報酬などのコストは考慮せず

一方で、１４４０万円取り崩したあと、20年後に１０００万円以上残った確率も32％あります。

また、１４４０万円を取り崩したあとの残高なので、残高がマイナス４４０万円以上なら元本割れはしていないと考えることもできます。

《毎月５万円・計１２００万円を取り崩し》

20年後に残高がマイナスになっているのは19回で、２０５の事例中、確率は９％です。それ以外は、１２００万円を取り崩せたうえ、さらに一定の金額が残ったことになります。

全体の70％の確率で５００万円以上残っており、この場合、取り崩した１２００万円を加えると、投資額の１０００万円は１７００万円以上になったことになります。

▼毎月４万円以下ならマイナスになる確率はゼロ

毎月の取り崩し額を４万円、３万円とした場合はどうでしょうか。

《毎月４万円・計９６０万円を取り崩し》

毎月４万円取り崩した場合では、すべてのケースで20年後の残高が０以上となっています。20年間で９６０万円を取り崩すことができ、不足しなかった、ということになります。

未来を保証するものではなく、あくまで過去の実績ですが、**毎月４万円であれば、あら**

■当初1000万円を毎月4万円取り崩した場合 取り崩す総額：960万円

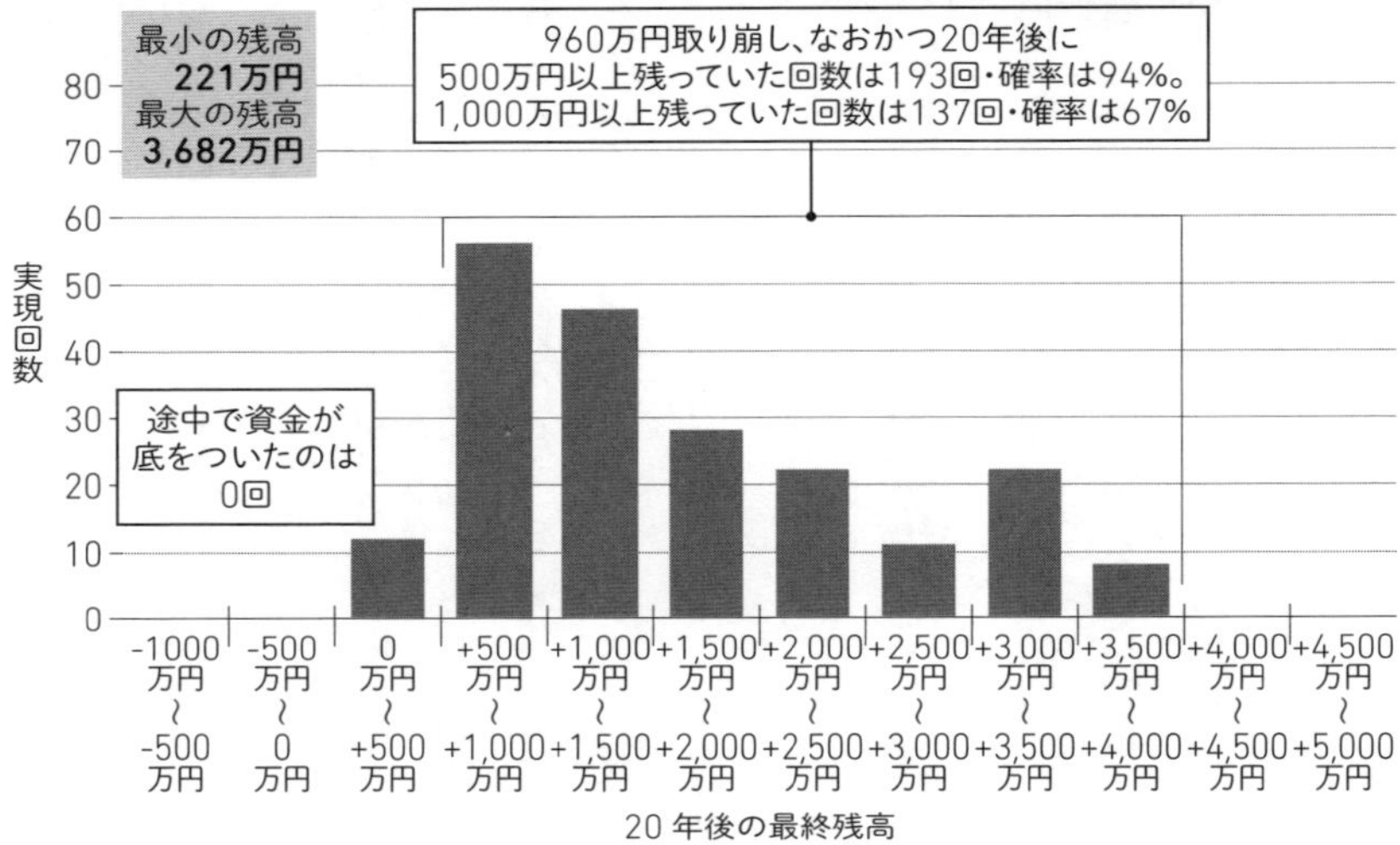

■当初1000万円を毎月3万円取り崩した場合 取り崩す総額：720万円

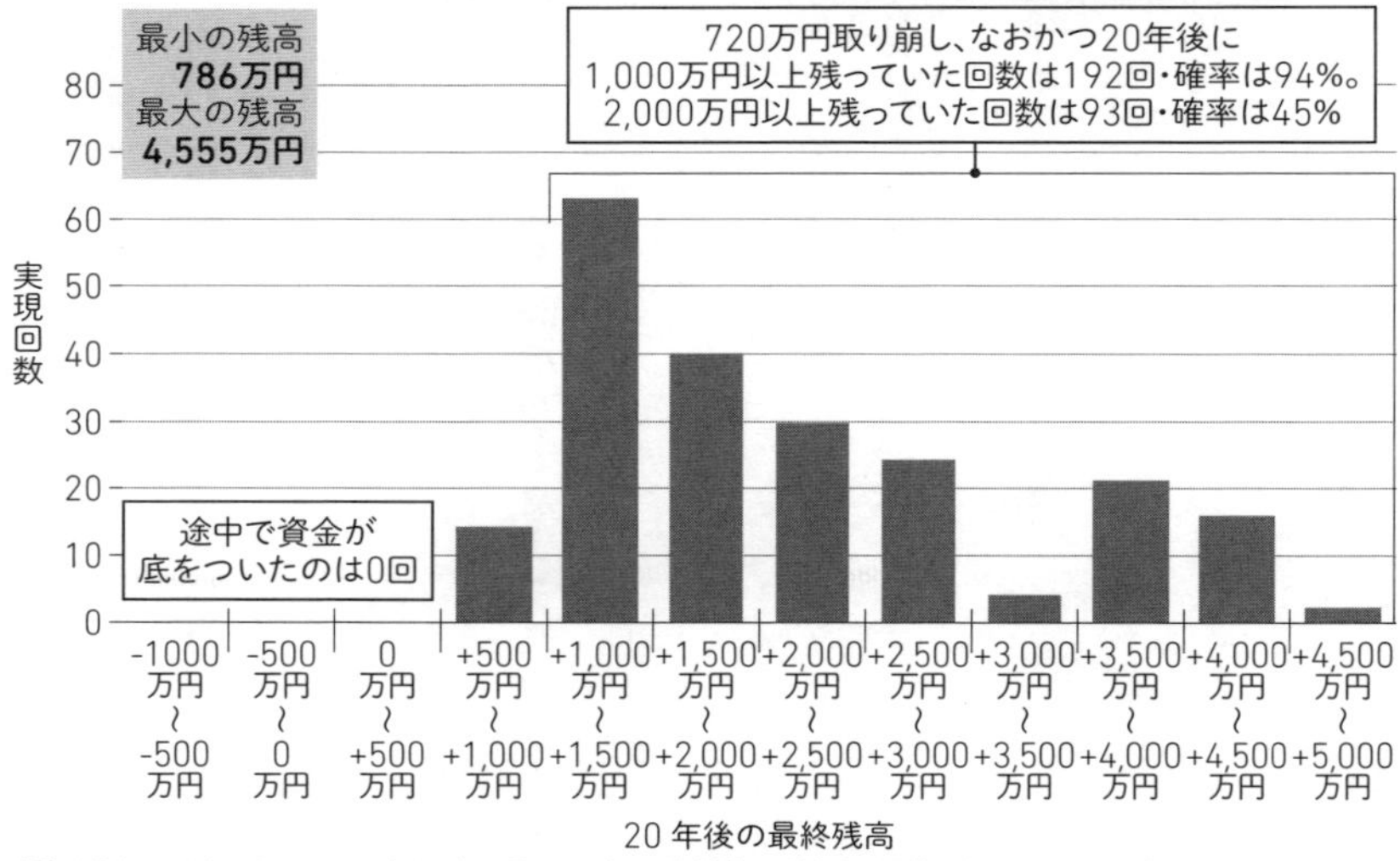

出所：MSCI Inc.ACWI Gross　JPY（1987年12月～2024年12月）を対象に分析。信託報酬などのコストは考慮せず

ゆるパターンで資金が枯渇することはなく、取り崩すことができたということを示しています。94％の確率で５００万円以上が残っており、１０００万円以上残った事例も１３７回あり約67％となっています。仮に１０００万円残った場合では、投資額の１０００万円が約２０００万円になったことになります。

《毎月３万円・計７２０万円を取り崩し》

毎月３万円の取り崩しでも、20年後の残高がマイナスになったことはありません。最も少ないパターンでも５００万円以上残っており、取り崩した７２０万円を加えると投資元本の１０００万円を割り込まなかったということです。

約94％の確率で１０００万円以上が残っており、２０００万円以上残っている事例も45％ありました。

取り崩す額が少ないと長期で運用できる額が多くなる分、より増えるということです（ただし、株価が下がり続けた場合はその限りではない）。

預貯金では１０００万円が１０５０万円、１１００万円程度にしかならないのに対し、オルカンで運用しながら引き出すことにより、１５００万円、２０００万円、３０００万円といった価値になる可能性があるわけです。

同じ1000万円でも、よりウェルスペント(有意義に使う)できるといえるでしょう。

なお、毎月6万円、5万円を取り崩すケースではマイナスになる事例もありましたが、値段が下がっているときに取り崩しを中断することで、マイナスになるのを避けられる可能性もあります。217ページで解説しますので、参考にしてください。

▼取り崩す額は途中で見直すといい

資産を多く遺して子どもに相続させたい場合には、取り崩す額を少なめにする、反対に自分たちの暮らしを充実させたい場合には取り崩す額を多くするという選択になります。

また取り崩す額はずっと一定でなくても構いません。

運用成績が良く、想定していたより資産額が増えてきたから取り崩し額を増やす、想定より減っているから取り崩し額を減らす、子どもに遺す必要がなさそうなので取り崩す額を増やして自分たちで使うなど、いつでも見直しができます。

80代以降は交際費や旅行などのアクティビティが減っていきやすく、高齢になるほど支出が下がっていく傾向があります。したがって、**60代では毎月5万円取り崩し、70代に入ったら4万8000円、70代後半には4万5000円といった具合に、取り崩し額を少し**

ずつ減らしていくのもいいでしょう。

4　取り崩す予定の期間が終了したらどうするか

▼20年後はどうする？

さきほどの例では20年間での取り崩しを想定しました。仮に取り崩し期間を65歳から85歳までの20年間とすると、多くのケースで20年後に残高がある結果となっています。

毎月５万円を取り崩す場合には、85歳時点で残高がある確率は91％です。したがって、そのまま運用を続けながら取り崩していくこともできます。前述のとおり、一般的には高齢になるほど支出も減っていくものですから、取り崩し額を見直して、できるだけ運用を続けていきましょう。

元本保証のある定期預金、あるいは個人向け国債といった増え方も少ないが安定的な運用と同様、世界株インデックスファンドでの運用も、生涯続けられる運用です。一生増やし続けるのが目的ではありませんが、人はいつ亡くなるのかわからない、逆に言うならば、いつまで生き続けるのかわからないのです。人生100年時代といわれる中で、将来不安をできるだけ取り除き、心穏やかに暮らすためにも、資産の一部は世界株ファンドで運用し続けることをおすすめします。

5 四つのお金をどう管理するか

▼取り崩したお金は「プールしておくお金の口座」に入れる

第4章でも述べたように、リタイア後のお金は「ふだん使うお金」「使うかもしれないお金」「プールしておくお金」「運用し続けるお金」の四つに分けます。

そのうち、「プールしておくお金の口座」には、《「運用し続けるお金」から取り崩していく額の5年分》を入金しておきます。毎月5万円を取り崩すのであれば、5年分で300万円です。

取り崩しをはじめたら、取り崩したお金は「プールしておくお金の口座」に入れていきま

■セカンドライフのお金を四つに分ける

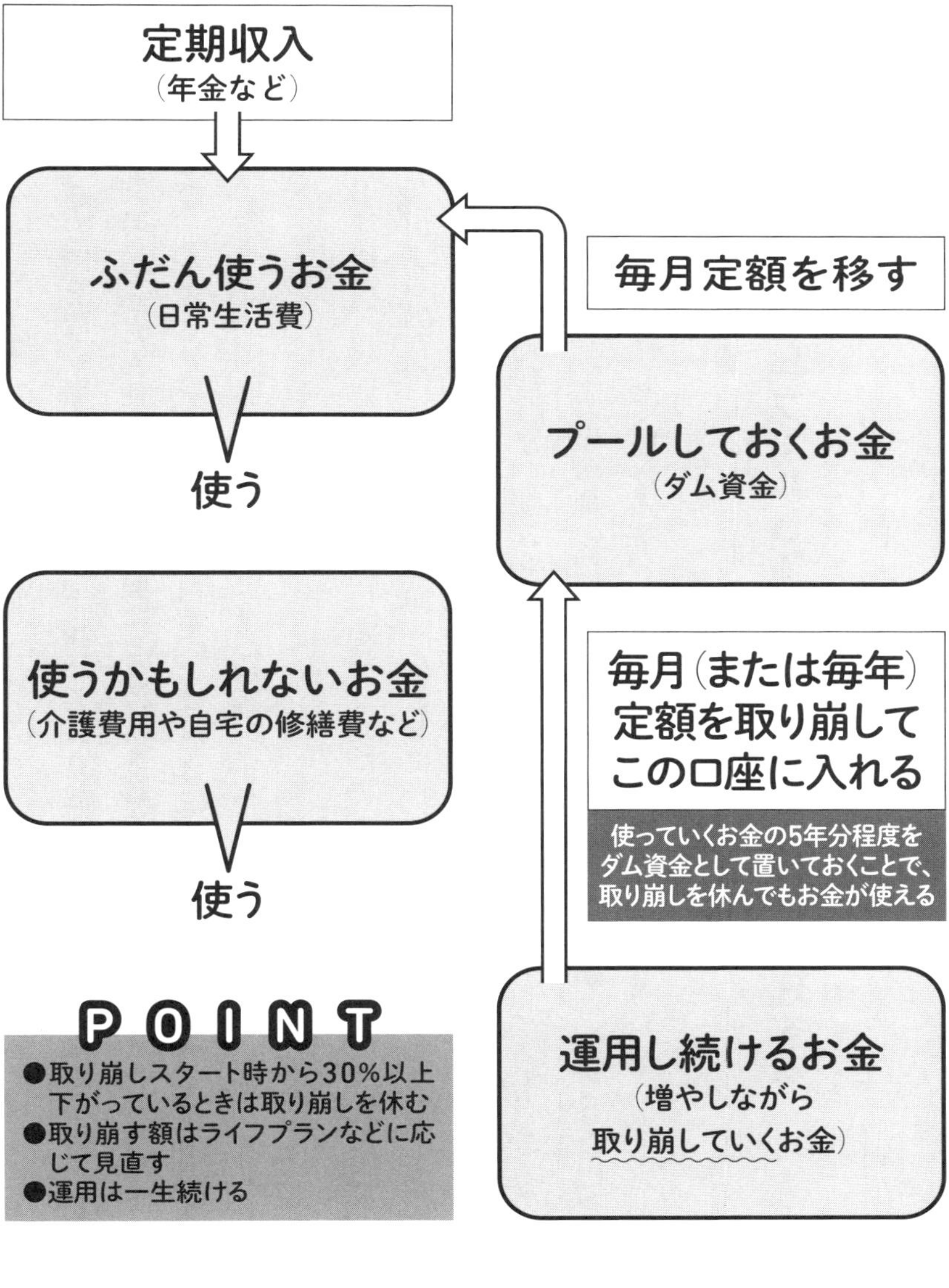

す。そして、その口座からは「ふだん使うお金の口座」に、お金を移していきます。

たとえば毎月5万円を取り崩すなら、「プールしておくお金の口座」に毎月取り崩した5万円を入れ、同時に「ふだん使うお金の口座」に5万円を移すのです。

そうすることで、「プールしておくお金の口座」の残高はほぼ一定(使っていくお金の5年分)に保つようにします。いわば、ダムのような役割です。

楽天証券やSBI証券では、毎月、自動的に定額で売却できますが、自動で解約ができない金融機関を利用する場合は自分で売却の発注をしなければならず、毎月となるとかなり面倒です。1年に1度、1年分の取り崩し額相当を売却する形でよいでしょう。毎月5万円使うなら、年に1度60万円分くらいを年末あるいは誕生月などどこかのタイミングを決めて売却し、「プールしておくお金の口座」にプールします。そこから毎月5万円を「ふだん使うお金の口座」に移していきます。

▼「ふだん使うお金」と「プールしておくお金」は分けて管理する

使うお金を「プールしておくお金の口座」に移し、そこから毎月「ふだん使うお金の口座」に移すのは面倒、と思うかもしれません。

頭の中で整理できるのであれば、一つの口座にしてしまってもいいのですが、現実的には難しいと思います。

たとえば月30万円使う人なら、「ふだん使うお金の口座」は45万円、取り崩すのが毎月5万円なら「プールしておくお金の口座」は３００万円で、合計３４５万円です。日常的に使う口座にそんなにお金があったら、気が大きくなって使ってしまわないでしょうか。

また自動で売却できない金融機関を利用して取り崩しを年1回にする場合、「プールしておくお金の口座」に残高がいくらあればいいのかがわかりにくく、混乱しかねません。

そうした心配がなければ、「ふだん使うお金の口座」と「プールしておくお金の口座」は一つにまとめても結構です。わかりやすく、管理がしやすい方法を選んでください。

6 複数の資産がある場合はどうするか

▼どの口座の資産から取り崩していくか

複数の証券口座を保有している方や、世界株ファンド以外に個別株などにも投資する（投資している）方もいらっしゃるでしょう。その場合は、どの口座、またどの資産から取り崩すのがいいでしょうか。

まず口座についてですが、NISA口座以外にも証券口座があり、資産を保有している場合には、利益に税金がかかる特定口座などの課税口座にある資産から売却していきましょう。**アセット・ロケーションの観点からも、課税口座の残高は優先的に減らし、非課税口座の残高を維持した方が実質的なリターンを高められます。**

また旧NISA制度のつみたてNISA口座に資産があり、非課税期間が残っている場合は、非課税期間が終了するまで温存し、現行のNISA口座の資産を先に売却します。旧制度は売却したら再投資できませんが、現行のNISA口座なら、一度売却しても、翌年以降に非課税枠を再利用できるからです。

どの資産を先に売り、どの資産を残すかはご自身の判断です。セオリーからいえば、個別株などよりも幅広く分散されているもの（世界株ファンド）を残しておくのがいいと思います。

7 世界株ファンドが値下がりした場合の対処法

▼大きく下がっているときは取り崩さない

世界株ファンドであっても値下がりする局面があります。そうした時期の対応として提案したいのが、取り崩しをはじめたときの基準価額をメモしておき、**「取り崩しをはじめたときより3割下がっていたら取り崩しを休む」**ことです。

相場がよくないときには引き出さないことで、より効率的に資産を長持ちさせることができます。

定額を取り崩すということは、以下のような状況が生じます。

たとえば1口1万円のときに5万円分を取り崩すなら5口を解約することになります。対して1口8000円のときでは6・25口を解約しなければなりません。**つまり安いときはより多くの口数を売ることになり、保有する口数がたくさん減ってしまいます**。

これはいわゆるドル・コスト平均法の逆になります。

ドル・コスト平均法は、毎月一定額を積立投資することにより、基準価額が高いときは少ない口数、安いときはたくさんの口数を買うことができます。逆に毎月一定額を取り崩す場合は、基準価額が高いときは少ない口数を売却、基準価額が低いときはたくさんの口数を売却します。安いときに定額で取り崩してしまうとたくさんの口数が減り、減るペースが速くなる、つまり資産寿命の短縮につながるというわけです。

▼取り崩さなくても困らない

一時的に取り崩しを休んでも困ることはありません。**「プールしておくお金の口座」に5年分のお金がプールされているからです**。

たとえば年60万円分取り崩す計画では、「プールしておくお金の口座」にその5年分として300万円を置いておきます。ここから年60万円ずつを「ふだん使うお金」に移しても、取り崩した60万円を入れていけば300万円が維持できます。取り崩しを休むとそのお金が入ってこないため、３００万円は維持できませんが、問題ありません。

「プールしておくお金の口座」に置いておくお金は「ダム資金」のようなもので、一時的に減ったとしても、ゼロにならない限り、使うお金は確保できているからです。

ファンドの値段が戻ったら取り崩しを再開し、減ったお金を元に戻せばいいのです。

「プールしておくお金の口座」に５年分ものお金を置いておくのは、実はそのためです。取り崩しを休んでも困らないよう、お金をストックしているのです。この資金があれば、下がったときは取り崩しを休み、それでも予定どおりにお金を使うことができます。

▼なぜ「プールしておくお金」は５年分なのか

「プールしておくお金」を５年分にしているのは、５年あれば相場が回復し、価格が戻る可能性が高いからです。

２２０ページの図は１９８７年12月から２０２４年12月末までのオルカン（全世界株式インデックス）の価格推移です。灰色は価格、黒線は直近の高値をプロットしており、高値から下落し、その後、元の水準に戻るまでどれくらいの期間がかかったかを示していま

■オルカン（MSCI ACWI, 全世界株式インデックス）が
直近高値を更新するまでの期間と下落率

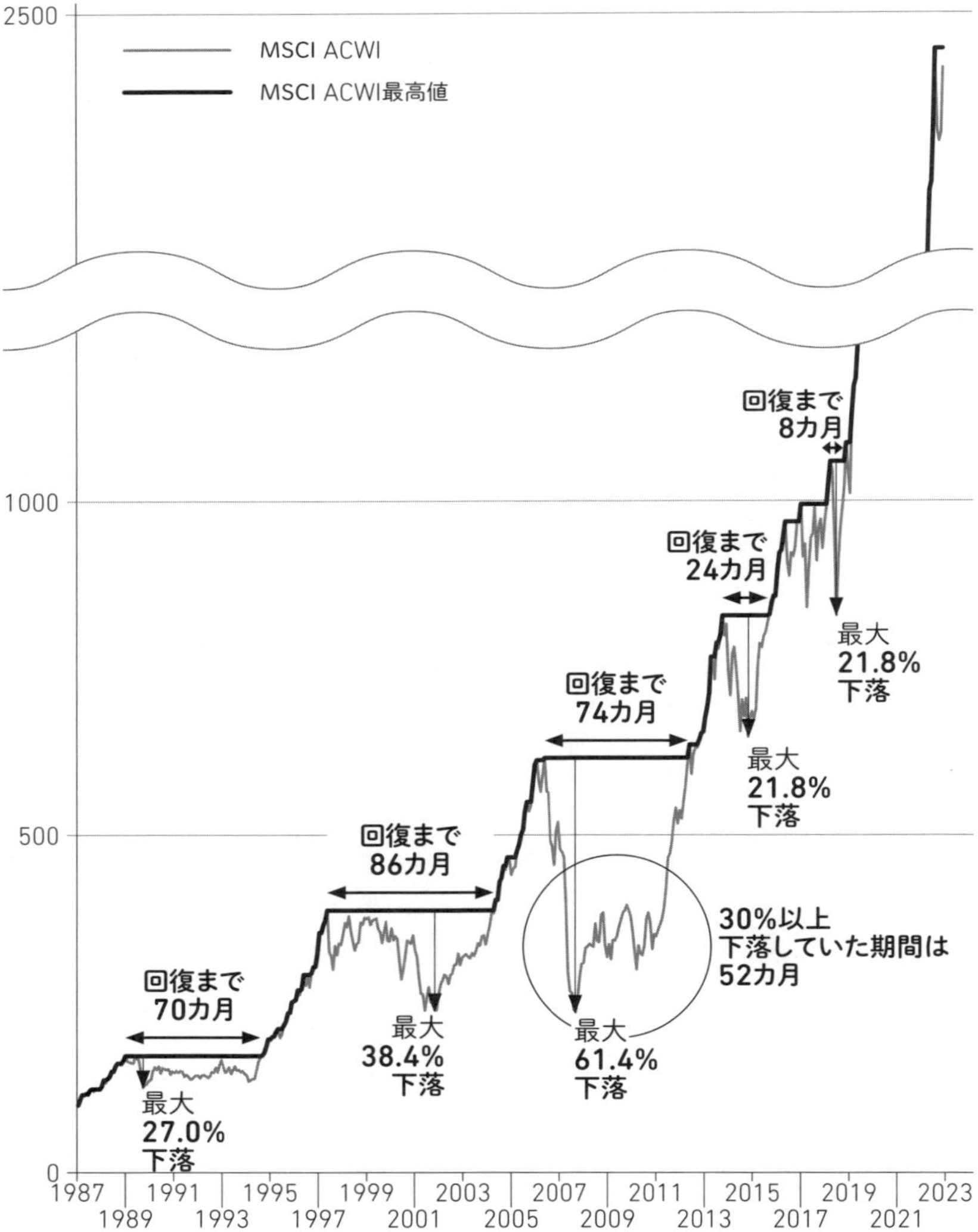

出所：MSCI Inc. ACWI Gross JPY（1987年12月～2024年12月）を対象に分析。信託報酬などのコストは考慮せず

す。

過去36年では、５年以上の長期間の低迷は70カ月期間、86カ月期間、74カ月期間の３回あります。70カ月ということは、下落前の水準に戻るまで70カ月(５年10カ月)かかったということです。回復までにもっとも長くかかったのは86カ月です。

下落率がもっとも大きかったのはリーマンショックをはさむ２００７年〜13年の間で、下落率は約61％です。かなり大幅な下落でしたが、大きく下落してから一定程度回復し、そこからさらに回復、という経過をたどっています。６割下落から４割下落の水準に戻り、そこから元の水準に戻るまでに時間がかかっています。

３割以上下落したままだったのは最長52カ月間で、３割以上の下落が５年(60カ月間)以上続いた期間は、少なくとも過去にはありません。そうした実績をふまえると、取り崩しを止める期間は最長５年間を想定しておけばいいと考えられます。

さらに保守的に考えたい人は８年分程度をダム資金にするのもありですが、ダム資金を多くすると、その分、運用できる額が減ることになります。ダム資金は５年分を目安にするといいでしょう。

▼手間や負担をかけないことがウェルビーイング

相場が回復したら取り崩しを再開しましょう。

プール資金が5年分になるよう、一括で取り崩してもいいですが、必ずしもすぐに5年分作っておかないといけないということではありません。

値段が回復したということは、そのまま上がり続ける可能性も考えられます。それに期待するなら、一気に取り崩さず、少しずつ取り崩して徐々に元の5年分に戻してもいいと思います。

毎年1回のペースで取り崩す方は、相場が急回復してきたらすぐに取り崩しを再開したり、止めていた分をまとめて取り崩したりしてもいいでしょう。たとえば1月時点で大幅に下落したら取り崩しをストップし、6月の時点でだいぶ回復していたなら、その時点で12カ月分を取り崩す、といった具合です。

とはいえ、必ずしも厳密に考える必要はなく、手間や負担がかからない方法がいいでしょう。マーケットをみながら回復時期を待って適切なタイミングで取り崩そうなどと考えると、値段の動きをみる時間が増え、お金に振り回されることになります。それではウェルビーイングとはいえません。

「年に1回の取り崩し時期に3割下がっていたら取り崩さず、1年後にまた検討する」というのでもいいですし、**「年初はだいぶ下がったけれど半年経って回復してきたので取り崩しを再開する」**など、臨機応変にダム資金を調整していけばいいでしょう。

8　年に1度は状況を確認。取り崩す額も見直す

▼資産状況やライフプランを再確認

取り崩しをはじめたら、年に1度、ライフプランやお金の見通しについて考え、それに合わせて取り崩しのペースを検討しましょう。

たとえば「今のうちに旅行にたくさん行っておこう」と考えるなら、一時的に取り崩す額を増やす、「早めに介護施設に入るのもよさそうだ」と考えはじめたら介護準備金の額を増やす、などです。

ご自身や配偶者の健康状態や、考え方も変わってきますから、年に1度はライフプランを見直し、四つの口座の残高を棚卸しして、取り崩す金額に反映していきましょう。

ちなみに、運用状況の確認は、リーマンショック、コロナショックなど、マーケットが急変したときを除けば通常は年に1回程度で十分。ライフプランを再確認する際に見るぐらいで構いません。頻繁にチェックし、一喜一憂して不安を感じたりするくらいなら、むしろ見ない方がいいのです。

▼運用状況がよければ取り崩す金額を増やす選択肢も

運用状況がよく、「今の取り崩し金額ではお金が残り過ぎる。もっと使えばよかった」といった状況なら取り崩し金額を増やすことをおすすめします。ウェルスペントの観点からも、定期的に見直して、しっかり有意義に使っていきましょう。

逆に、もしも5年以内に相場が回復しなかった場合には、元々の水準より2割程度取り崩す額を減らすようにするなど、少し調整して再開するといいでしょう。

たとえば年金が20万円、取り崩し額が5万円、1カ月計25万円で生活している人が、取り崩し額を2割減の4万円に減らすと、使えるのは月に24万円で、生活費全体からすれば4%の減少に過ぎません。

また医療や介護で想定以上の支出が膨らみ、生活費を少し絞る必要がある、といったケースでも取り崩す額を下げることを検討します。

ご夫婦の場合、パートナーが亡くなった際には、改めて四つの口座を見直しましょう。

ライフプランと四つの口座の残高、運用状況のチェックを年に1回、取り崩す金額も年に1回見直します。年1回が難しいという方でも、**口座の残高と運用状況は年1回、ライフプランと取り崩す金額の点検は少なくとも5年おきには行ってください**。

面倒に思うかもしれませんが、リタイア後は時間に余裕も出てきます。どう生きたいかを考え、それに沿ってお金のプランを見直すことが、ファイナンシャル・ウェルビーイングおよびウェルスペントにつながります。

おわりに

本書をお読みいただき、ありがとうございました。

最後にお伝えしたいのは、ウェルスペント、お金を有意義に使うことの大切さです。

ある調査では、日本人は高齢になっても資産が増え続け、平均的には亡くなる直前にも多くの資産を保有しているそうです。

「もしものとき のため」など、慎重に考えてお金を貯め込むのは、日本人の美徳でもあると思います。しかし、資産を使い切ることを提唱した書籍がヒットしたのは、実のところ、もっとお金を有効に使いたいという気持ちがあるからでしょう。

冒頭でも述べたように、不安があればお金を使うことはできません。せっかく築いた資産を有効に使うためにも、収入や支出を見通し、増やしながら使う、を実践していただきたいと思います。

夫婦で旅行に行って思い出をつくる。趣味を極める。ボランティアをする。学び直す。寄付をする。

何をしたいか、想像をめぐらせてください。

スキーに行く、ヨットに乗る、庭造りをするなど、したいことを実現するために健康管理や体力作りもするなど、したいことが広がっていくはずです。

パートナーがいる場合、ウェルスペントするためには、話し合いも欠かせません。

夫は田舎暮らしを望んでいるけれど、妻は都会暮らしを好むなど、方向性が異なることもあるからです。二人で話し合えば、互いの気持ちを尊重したり、２拠点生活を考えたりと、互いが満足できる選択肢が見つかると思います。

資産の状況も、互いに開示し、共有するのが不可欠です。一定程度、秘密の財産があってもいいですが、大事な情報は共有し、使い方を考えていきましょう。

なぜ私がウェルスペントという考え方に至ったのか、少しご説明しておきます。

私は２０１８年1月、約17年間働いてきた証券会社を退職し、ファイナンシャルプランナーとして独立しました。独立する際に、設立する法人名を何にするか、非常に悩みました。お金はなぜ必要なんだろう、資産形成は何のためにするんだろう、お金はあればあるだけよいのだろうか……。いろいろ考えた末、日本語の「活き金」「死に金」という言葉にたどり着きました。お金は、自分にとって価値のある使い方もあれば、もったいない使い方・持ち方もあるのではないかと。

結局のところ、お金は使ってこそのお金、お金は生きているうちしか使えない、人々がお金を稼ぎ、貯め、増やしていくのは、究極的には自分の人生でしっかり有意義に使っていくことが大切なのではないか。そのような結論に至りました。そして、法人名を英語のウェルスペント(well spent)にしたのです。

それから数年後、ウェルビーイング(well-being)という言葉があることを知りました。お金に関する部分は、ファイナンシャル・ウェルビーイング(financial well-being)です。収入は高ければ高いほど幸せになるというわけでもない、**資産が多いからといってお金の不安がなくなるわけでもない**。ファイナンシャル・ウェルビーイングという考え方を調べれば調べるほど、日々お客様のご相談を受けている経験とも相まって、お金は多いに越したことはないものの、単純に多ければよいというものでもなく、持っているお金のありがたみを実感できることが重要なのではないか、目の前にあるお金と上手に向き合っていかに幸せな人生を送っていけるかが重要なのではないか、と考えるようになっていきました。

独立後は自分なりにお金についての知識を体系的にまとめた小冊子「資産形成ハンドブック」を作成、配布しています。あるとき、この小冊子を手にした方から、生活していく上で必要となるお金について学ぶための検定を作りませんか、というお話をいただきました。そうして生まれたのが、２０２４年９月に開始された**「ファイナンシャル・ウェルビーイング検定」**（一般社団法人 実務能力開発支援協会）です。コンテンツの全面的な監修を担当させていただき、学校では習うことのなかった、ファイナンシャル・ウェルビーイングを実現していくために最低限知っておきたい、お金に関する実践的な知識を学ぶ検定が生まれたのです(https://www.financial-well-being.jp)。

ファイナンシャル・ウェルビーイングを実現していくための大前提として大切なのは、一人ひとりの生き方、ライフプランです。どのような人生を送っていきたいのかがある程度明確にならないと、どのくらいお金が必要になるのかも決まりません。そういった方向性、基準がない中、もっともっとと際限なくお金を求めていてはいつまで経っても満たされることはないのです。

一人でも多くの方がご自身のお金と上手に向き合い、お金に振り回されることなく、お金を上手に回しながら自分らしいウェルビーイングな人生を送っていただけたらと考えております。お金をウェルスペントしながら、ウェルビーイングな人生をお送りください。

本書がその一助となりましたら、著者としては望外の幸せです。

2025年4月吉日

横田健一

「本書サポートコンテンツ」のご案内

本書で紹介した「収入と支出の推移の見通し」（p98-99）を作成できるよう、
エクセルと印刷用 PDF を、サポートコンテンツとしてまとめました。
二次元コードにアクセスしダウンロードのうえ、ぜひご活用ください。

［Excelダウンロード用リンク］

https://shisankeisei.jp/?wpdmdl=9793

［PDFダウンロード用リンク］

https://shisankeisei.jp/?wpdmdl=9815

■PC･スマートフォン対象（一部の機種ではご利用いただけない場合があります）。■パケット通信料を含む通信費用はお客様のご負担になります。■第三者やSNSなどネット上での転載･再配布は固くお断りいたします。■やむを得ない事情により予告なく公開を中断･終了する場合があります。■本データは株式会社ウェルスペントが提供しています。株式会社KADOKAWAではデータファイルのダウンロード･使用方法等についてはお答えできません。■端末やOSによっては、データファイルを開くためのアプリや、サービスへの登録が別途必要になる場合があります。なお、必要なアプリのインストールや詳細な操作手順については、ご利用環境によって異なるため個別にご案内できません。■図書館等で貸し出される場合は、本二次元コードへのアクセスはお断りいたします。■2025年4月3日時点の情報です。

【お問い合わせ】
株式会社ウェルスペント
https://shisankeisei.jp/about-company

横田健一（よこた·けんいち）

ファイナンシャルプランナー、株式会社ウェルスペント 代表取締役。
野村證券株式会社にてデリバティブ商品の開発やトレーディング、フィンテックの企画·調査などを経験後2018年1月に独立。一人でも多くの方に、貴重なお金や時間を有意義に使いながら、ファイナンシャル·ウェルビーイングを実現していただきたいという思いで、FP業務に取り組んでいる。著書に『新しいNISA かんたん最強のお金づくり』（河出書房新社）。全面監修「ファイナンシャル·ウェルビーイング検定」。CFP®（日本FP協会認定）、1級ファイナンシャル·プランニング技能士、日本証券アナリスト協会認定アナリスト（CMA）、住宅ローンアドバイザー、2級DCプランナー、ウェルビーイング学会会員（ファイナンシャル·ウェルビーイング分科会所属）、日本FP学会会員、日本年金学会会員。

X　@ken1yokota

増《ふ》やしながらしっかり使《つか》う
60歳《さい》からの賢《かしこ》い「お金《かね》の回《まわ》し方《かた》」

2025年4月30日　初版発行

著者／横田《よこた》 健一《けんいち》
発行者／山下 直久
発行／株式会社KADOKAWA
〒102-8177　東京都千代田区富士見2-13-3
電話　0570-002-301（ナビダイヤル）
印刷所／株式会社DNP出版プロダクツ
製本所／株式会社DNP出版プロダクツ

ISBN 978-4-04-607371-6　C0033